史学的性别

李小江 著

陕西师范大学出版总社 西安

图书代号 SK24N1497

图书在版编目（CIP）数据

史学的性别 / 李小江著 . -- 西安：陕西师范大学出版总社有限公司，2024.10. --（"乾·坤"：性别研究文史文献集萃系列丛书 / 李小江主编）. -- ISBN 978-7-5695-4555-5

Ⅰ . D442.9

中国国家版本馆 CIP 数据核字第 2024AB1917 号

史学的性别
SHIXUE DE XINGBIE

李小江　著

出 版 人	刘东风
出版统筹	侯海英 曹联养
责任编辑	远　阳 马康伟
责任校对	付玉肖
出版发行	陕西师范大学出版总社
	（西安市长安南路 199 号　邮编　710062）
网　　址	http://www.snupg.com
印　　刷	陕西龙山海天艺术印务有限公司
开　　本	710 mm × 1000 mm　1/16
印　　张	12.75
字　　数	220 千
版　　次	2024 年 10 月第 1 版
印　　次	2024 年 10 月第 1 次印刷
书　　号	ISBN 978-7-5695-4555-5
定　　价	68.00 元

读者购书、书店添货或发现印刷装订问题，请致电（029）85216658 85303635

总序
"乾·坤"——性别研究文史文献集萃系列丛书

乾坤,相互对应的两极构成一个概念,成为中国哲学体系中的基本范畴。乾为天,主阳;坤为地,主阴。出处与《易经》有关:以自然运行的宇宙观解释世间万物人事,将天地依存的同构范式推及人类社会,由"天/地""阴/阳"派生出"社稷""男女"——如此一来,天地与社稷呼应,阴阳与男女对接,乾坤与家国同义,成为人世间难以超越的至高境界。

在"乾·坤"名下做文史研究的念头由来已久,旨在将历史元素有效地纳入中国特色的哲学范畴,既可还原它的原初含义,也有创新的意图:朗朗晴空下,为长久隐身于私密处的"女性/性别"辟出开放的话语空间。"乾坤一元",比肩而行;"阴阳相倚",各为主体;"性别研究文史文献集萃"因此有三重含义:

一为饮食男女,性别是基本议题。让"天地/阴阳"

走进人间生活，袅袅炊烟，衣食住行，寻常生活中窥见的也是"乾坤/社稷"。

二为文史文献，以文载史，文史同道。入丛书者，有专著，有论文集；可以是历代文学作品的史学解构，也可以对图片（如壁画、纹饰、照片、影视作品、墓志铭等）做文献辑录或文史阐释……无论形式，无不承载着历史的信息（而非白口说道），能够从不同方向展现历史遗存（而非凭空想象）。

三是集萃，会聚珠玑，萃取精华。女人作为群体，长久未载史册；女性的历史信息，碎片般地散落在"史记"的缝隙里或散失在"社稷"的偏僻角落。编撰这套丛书的一个主要目的是拾遗补阙：但凡透露出性别制度的古老讯息，或承载着女性文化遗存的历史印记，在这里都被视若珍馐，不厌其碎，汇集在"乾坤"名下，想人间男女俗事，与天地共一血脉。

这套丛书以"乾·坤"为名，图借大千宇宙磅礴气势，生成学界正道三气：开放多元，任恣肆的思路拓展包容的心胸，是谓"大气"；在亘古不变的天地呼应中讨一份冷静客观的治学态度，是谓"学术气"；让家国社稷落实到寻常人生，在绵延不绝的生民文化中找回两性平等相处的对话平台，是谓"接地气"——大气、学术气、接地气，是"乾·坤"系列丛书的起点，也是它努力的方向；它于女性的生存状态是一个提升，与性别研究的跨学科性质正相吻合。但是，在选题设置上，入选文章不避琐细，作者不问辈分，形式不拘一格，国籍无计内外，看重的是基础性文献收集、整理和分析的学术品质。因此借"序"向学界公开征稿，期待各学术领域中的领军者赐稿，也欢迎各院校同仁提供在性别研究中有建树的学位论文。有文稿者，可与丛书的编撰统筹侯海英女士直接联系（E-mail:houhaiying@snnu.edu.com）。

说来，我的编书历史自20世纪80年代中期至今，30年有余。已经出版的有文集《西方女权运动文选》（中国妇女出版社，1986）、《华夏女性之谜：中国妇女研究论集》（生活·读书·新知三联书店，1990）等，也有"妇女研究丛书"（河南人民出版社，1988—1993）、"性别与中国"辑丛（三联书店，1995—2000）、"20世纪【中国】妇女口述史丛书"（生活·读书·新知三联书店，2003）等，计数十部，绵续拓展，无不关乎女性/性别研究。21世纪以来，女性/性别研究已成显学，相关专著、译著和博士论文日渐热络，因此不断有出版商寻来洽商，希望在更新的学术环境上推出新的研究成果。多年斟酌，实地考察，最终选择陕西师范大学，是因为这里已经搭建起了"四位一体"的坚实平台：一支以教授领衔、项目引导、跨学科合作、可持续发展的教研梯队（1995年起步）；一座具有普及教育性质、学生自愿参与、自行管理的"妇女文化博物馆"（2002年建馆）；一个学术型、多元化、开放性的"女性/性别研究文献资料馆"（2018年揭牌），以及正在筹建中的地方文史与女性个体生命合二而一的档案库"女方志馆"——陕西师范大学女性研究中心集课程建设、学术研究、文化资源积蓄、志愿者活动和社会服务为一体，在中国学界和女性/性别研究领域中独树一帜，已经为女性的知识积累和精神传承建起了一个难以替代的学术基地。"乾·坤"在这里落脚，可谓水到渠成。女性研究中心与陕西师范大学出版总社互为近水楼台，正好相互扶持。希冀我们共同努力，为已成气候的女性/性别研究继续贡献绵力。

李小江

2019年9月18日

古都西安

目 录

前言
历史研究的性别症候 / 01

导言
与"历史·史家"对话 / 05

新史学：螺蛳壳里"筑"道场
　　——读罗新《漫长的余生：一个北魏宫女和她的时代》 / 001

守史学之根，寻历史之"真"
　　——读李志生《唐虢国夫人：文本与日常生活》 / 017

史料：新时期中国妇女史研究的起步基石
　　——读高世瑜《唐代妇女》（三个版本） / 034

杰出的史书，何以造成失真的历史？
　　——读【美】贺萧《记忆的性别：农村妇女和中国集体化历史》 / 053

文献的性别：女性文献史之经典与解读

——读（清）王初桐《奁史》暨郭海文主编
《从女性文献史观出发：〈奁史〉新解》/ 076

爬梳剔抉：在历史的缝隙中拾荒成金

——读王子今《古史性别研究丛稿》/ 095

祀与戎：谁持彩练当空舞？

——读王子今《中国女军史》/ 121

从学问到人生：将"现代"轻轻地揉进传统

——读孙康宜《独行的缪斯：自传、性别研究及其他》/ 142

附录："女性/性别研究"奠基工程暨史料汇聚及场馆建设 / 163

妇女文化博物馆 / 164

女性/性别研究文献资料馆 / 165

女方志馆 / 166

新列女文库 / 168

代跋：谈谈性别研究的基础理论问题 / 171

前言
历史研究的性别症候

史学，研究历史的学问。

英文称历史 history（他的故事），被女性主义讨伐后，多出了 her-story（她的故事）。可是，"历史"依旧，还是 history——这也是史学的历史，史学中存在的性别问题也是历史性的，因此诊断史学自身的性别症候也是历史研究的课题。

症候不同于征候，不是事物的客观特征，是病态的表现。

为什么这里只说"史学"而不说"历史"？

历史，可以有两种认识：一是客观之在，可追，不可及，女人和男人一样共存于历史之中，两性的社会性别征候主要体现在不同时期不同地域不同族群的性别制度中；另一是史家笔下记录的历史，毋庸讳言，它一直是由男性主导并以男性为中心，与父权制的生成和成熟是共时同步的。今天，在女性主义的推动下，历史和史学的面貌都发生了很大的变化。妇女史以斗士的姿态当仁不让地站在史学革新的前沿阵地，是先驱，也是主力军。性别的历史随之进入史家的视野，不仅被看作一种新方法和新视角，也可能成为一个全新的研究领域。自此，历史研究再也不能忽视女性和性别因素，发掘或重新认识历史上的性别制度，已然成为全面认识人类文明史的重要内容。

本书以《史学的性别》为名，旨在新史学的光照下揭示历史研究中长期存在的性别盲区或误区，抛砖引玉，点到即止。

首先是**史家的身份问题**。直到 20 世纪中期，各国历代史家几乎都是男性，中国可谓之最（时间最长，人数最多）。男性本身并不是问题，问题出在性别身份可能造成的单一视角，难免对女性的历史之在产生疏漏和误读。本书评介的 8 本书中，其 7 位作者有 5 位是女史，包括 2 位男性学者在内，凭借杰出的史家风范和深厚的史学功底，在弥补历史缺憾、校正性别偏差的同时，有意警惕和防止另一种（女性主义）性别立场可能造成的僭越和误判。

其次是**大历史观问题**。从哲学角度看，历史研究的对象是整个人类社会（包括女人）曾经的过去。漫长的父权制社会中，"女从男"的人身归属直接影响了史家对"人类"这一概念的认识，下意识会将男性社会和男人主导的世界看作人类历史的代表，将"他的故事"（**history**）想当然地认作全人类的历史。迄今为止，所有记录在案的史书和历史故事都难免因为对女性的疏忽和遗漏留下历史性的缺憾，需要审慎存疑和逐一辨析才有可能趋于完善。

三是**价值观问题**。什么值得被史家记录？"芳名垂汗青，千载永不灭。"[1] 汗青即史册；被记载，祈望永存。曾经，史册主要记录帝王将相及改朝换代，权贵和社会精英因此成为历史舞台上的主角。作为

---

[1] 出自（清）唐孙华《叶忠节公挽诗》。

群体的女性长久未载于史册，这不仅与性别制度有关，也有关女性生活及其人生事项，因其多半关乎日常生活而无关江山社稷，而被史家认定"没有价值"，不被记录。

四是**文献的性别偏颇**。历史，也是史料学，史料是历史研究的根基。由于女性少被史册记录，直到今天，档案库中的文献和博物馆里的藏品都难以避免地存在着严重的性别偏颇。记录女性生活的史料一直非常有限，即便有，也是散落在不同领域的边缘缝隙里，长久没有得到应有的重视。没有史料就没有历史研究。怎么办？本书在"文献的性别"名下提出"**女性文献史观**"这个新概念，以《从女性文献史观出发：〈奁史〉新解》为例深入讨论这一问题。

最后是**研究方法和立场问题**。这非常重要，却常常被忽视。方法，原本应该是客观的，但是，女性主义作为一种全新方法很难做到客观，单一的性别立场和片面化的视角常常不由自己。本书多处明确指出：女性主义史学的主要方法是批判，针对父权制难以撼动的社会根基，批判的正面作用无可替代，秋风落叶，横扫史册，迅速拉开长久被遮蔽的女性世界的帷幕；其弊，在它先天的意识形态品质，同以男性为中心的历史观一样，单一的性别立场必然导致客观判断的错位，在起点上就可能僭越生活常识，自觉不自觉地偏离了历史真相。因此，无论史家个人的性别身份，自检和自律不可或缺。

> 生活的常识告诉我们，人世间的两性关系在社会结构上是互补的，并非单方面的剥夺和压迫。做历史研究，任何时候都不能置常识于不顾先验地置身于现代理论之下。具体到妇女史的开拓和精进，最需要的不是"主义"，而是可信且可以传承的史料。[1]

---

1 详见本书《守史学之根，寻历史之真》一节。

最后想说，做妇女史或做性别制度的历史研究，史料始终是个大问题。针对文献不足这一症结，我们启动了一系列奠基工程，几十年开拓和坚守，蔚然已成气候。本书附录部分对此有详细介绍，企盼志同道合者参与，不断为后世研究添砖续瓦。

李小江

导言
与"历史·史家"对话

　　写读后感或书评,不同于阅读,它是对话的一种方式。

　　深入的学术对话通常建立在批评的基础上。"批评是对话,是关系平等的作家与批评家两种声音的相汇。"【托多洛夫】[1]自阐释学（Hermeneutics）的地位确立以后,对话批评成为一种重要的研究方法,在文学领域率先试足,进而延伸到各个学科,极大地拓展了人类精神世界的认知路径和话语空间。对话批评以康德的"共通感"原理为理论基础,相信"对话的共通性原则"先于逻辑因而先于判断,属于"美"的范畴。[2]这种美并非经验性的审美过程,而是认识论层面上的通达,说白了就是理解,即陈寅恪所说的那种

---

[1]【法】茨维坦·托多洛夫：《批评的批评——教育小说》,王东亮、王晨阳译,生活·读书·新知三联书店,2002年,第185页。

[2] 参阅【德】康德：《判断力批判》上,宗白华译,商务印书馆,1987年,第59页。

"真了解"。

> 所谓真了解者,必神游冥想,与立说之古人,处于同一境界,而对于其持论所以不得不如是之苦心孤诣,表一种之同情,始能批评其学说之是非得失,而无隔阂肤廓之论。[1]

历史研究不同于科学判断,严格说来,它是美的,以(求)"真"的方式通达审美境界。因此历史研究不只需要理论,批评亦不可或缺。《冯友兰中国哲学史上册审查报告》【陈寅恪】其实就是一篇史学意义上的对话批评。

对话批评是多声部的,用书面交流的方式激活单一文本,"通过与他者的相遇"去超越"我们自己知识的狭隘"【伽达默尔】[2],以持续深入的"问""答"回应那些仅仅靠概念或逻辑推理很难落地说明白的世间之真问题。[3]在对话批评中,双方的站位是对等的,没有人先天地占有居高临下的优势,提问也不是单方面的挑剔,而是一个追求真理的过程——真理是"在共同寻求真理的人们之间诞生的,是在他们的对话交际过程中诞生的"[4]。所谓理论创新,通常就是在对话批评的过程中自然而然地生发出来的。

这里的书评不妨看作我与"历史"和"史家"的对话,亦可看作史学批评。它承袭(唐)刘知几"不掩恶、不虚美""爱而知其丑,憎而知其善"[5]的客观性原则,秉笔直书,以求校正或深化我们的历史认识;同时,它也是从问题出发逐渐走向理论成熟的一条路径。以

---

[1] 陈寅恪:《陈寅恪集:金明馆丛稿二编·冯友兰中国哲学史上册审查报告》,生活·读书·新知三联书店,2009年,第279页。

[2] 【德】伽达默尔,[德]杜特著:《解释学 美学 实践哲学:伽达默尔与杜特对谈录》,金惠敏译,商务印书馆,2005年,第21页。

[3] 【苏】巴赫金认为"回答是理解的开始":"回答为理解建立积极的、预设利害关系的土壤。理解仅仅在回答中才能成熟。理解和回答在对话中融为一体,互为前提,不能失却对方。"转引自董小英《再登巴比伦塔:巴赫金与对话理论》,生活·读书·新知三联书店,1994年,第43页。

[4] 【苏】巴赫金:《陀思妥耶夫斯基诗学问题》,白春仁、顾亚玲译,生活·读书·新知三联书店,1988年,第160页。

[5] 傅振伦编:《刘知几年谱》,商务印书馆,1956年,引言。

书评的方式做史学批评，得天独厚：借史家提供的历史叙事做议事平台——这是一个很高的学术平台，既有原作本身提供的史料做支撑，又有史家高屋建瓴的见地或创新的发现——在对话中讲出和讲清楚一些个人单口很难讲清的大问题，有的放矢，以避免长久以来学界作文难以避免的概念悬置、对空放炮的恶疾。

2023年是我的史学年。从春节完成第一篇读后感到最后一篇落笔，恰逢又一个新年将至。这里所评的书籍都有关性别，全部出自史学名家之手，汇聚在一起，定名为《史学的性别》是合时宜的。本书目录按照我的书写顺序排列，文中涉及的理论问题承前启后，可以互相参照，如女性主义、父权制、性别制度、日常生活乃至女人与战争的关系……当然，更多的问题不限于性别研究，而是直接关涉新史学研究实践中遭遇到的一些基本理论问题，诸如史料创新、目光下沉、意识形态问题、碎片化问题、树木与树林的关系……为了方便阅读，特将各篇涉及的一些重要问题提示如下。

读罗新《漫长的余生：一个北魏宫女和她的时代》

《漫长的余生：一个北魏宫女和她的时代》以一方墓志铭讲述了一个北魏宫女的故事，反衬出一个动乱时代的历史画卷，为在历史典籍中被遮蔽的小人物（特别是底层社会的女性，如王钟儿）做传。罗新**将他多年力倡的新史学观念有效地付诸实践，身体力行地筑起了一个可做示范的研究平台**，为后学跟进提供了难得的范例。本文的要点是为"新"解蔽，在新史学的广阔视野中逐一剖析其历史叙事的演进策略，**在方法论层面上揭示以"小人物"暨"普通人"为中心的史学研究是如何进行、如何成立的。**

关键词：新史学　墓志铭　女性人生　比丘尼

读李志生《唐虢国夫人：文本与日常生活》

李志生以唐代的虢国夫人为例，对相关的历史文本逐一罗列考据，发现所有文本无不留下了以男性为中心的思想印记；即便是出自官方史家之手的正史，也未必反映了历史的全部真相。她将新史学的视界带进古旧文献，在性别研究的现代视野中让尘封的故人故事重焕生机。本文追踪书中提示的线索，将隐身幕后的观念问题推向议事前台，直面意识形态"在史册中"这一客观事实，以去政治化即"中性化"为研究前提，在甄别历史文本之真伪的同时析出史料中内含的意识形态因素。

关键词：虢国夫人　历史文本　意识形态　女性主义史学

读高世瑜《唐代妇女生活》（三个版本）

当代中国妇女史研究缘起于 20 世纪 80 年代，是新时期启蒙思潮与中国古史革新结盟而生的联袂产物，具有鲜明的本土特征：**秉承史家据史料而作为的传统规范，将父权制看作文明史中妇女之在的历史背景，让性别制度的基本品质和真实面貌在历史版图上从容自在地呈现出来**——于此，《唐代妇女生活》是一部代表作。本文借助高世瑜搭建的叙事平台，强调历史研究的客观性原则，以唐代妇女生活为蓝本，凸显"父权制"在历史上的人类学品质，逐一析出"性别制度"的基本特点。

关键词：史料　父权制　性别制度　唐代妇女

读 [美] 贺萧《记忆的性别：农村妇女和中国集体化历史》

美国汉学家贺萧（Gail Hershatter）所作《记忆的性别：农村妇女和中国集体化历史》在新社会史观的引导下目光下沉，为广大农村妇女在历史视野中的"消失"讨公道。但是，从宏观的角度看，这是一本失真失实的史书：以局部的地方差异挑战"社会主义中国"的一元化品质，用碎片化的案例瓦解了中国农村妇女解放的内在结构，与历史事实有很大出入。书中涉及的**史料碎片化、树木与树林的相互遮蔽、历史的道德感问题，以及意识形态对客观史实的僭越**，都是当代海外汉学界普遍存在的问题。本文将该书用作"批评对话"的伙伴，试图将历史认识的是非之争还原到历史之在的真假之辨。

关键词：农村妇女　集体化　地方性　真与真实

读（清）王初桐《奁史》暨郭海文主编《从女性文献史观出发：〈奁史〉新解》

《奁史》被史家看作"古代妇女生活的百科全书"，存世200余年，相关研究十分薄弱。《从女性文献史观出发：〈奁史〉新解》以女性为主体，秉持严谨的文献学研究方法，对文本以及各类相关史料进行认真的标点、注释、校勘、比对和阐释，运用性别理论及四重证据法，从细微处入手，重新发掘女性文献的历史价值。本文是一本多声部的批评对话，以《从女性文献史观出发：〈奁史〉新解》为平台，对**"女性文献史观"**做出清晰的表述：**在实地考察的基础上重新认识人类文化遗产（relics）的历史价值，将女性的历史遗存（无论以什么形式呈现出来）看作广义的"女性文献"（female documents）**，为妇女研究提供丰富的史料支撑，也为大历史开拓新的认知视角和研究领域。

关键词：文献　性别　《奁史》　女性文献史观

读王子今《古史性别研究丛稿》

做中国上古史的性别研究，王子今是先行者。他的功夫主要用在史料发掘，在"性别"名下将散失各处的资料汇聚一处，在细腻的考据中甄别其"然"，而对其"所以然"则保持审慎的缄默。《古史性别研究丛稿》中有迹可循的资料大多有关秦汉时期，**在"性"之"别"的道理中让我们品味到"一统天下"的文明底蕴**。本文以王子今所做的文献考据和相关研究为引线，试图在早期中国的历史印记中**寻找中华文明生发的地缘品质**，探寻华夏古地性别制度的起源及其特征，看它是怎样开始并一步步走向成熟的。

关键词：性别秩序　古史　性别制度　地缘文明

读王子今《中国女军史》

父权制社会中"战争让女人走开"即成定论，女人"未载史册"似乎是天经地义的。王子今从现代视角出发，以大量详实的史料为依据，证明中国战争史上女性始终是在场的，为"女军"在公众视野中的消失及其历史性的缺席讨公道。作者依托训练有素的史学涵养，在不可见的"女军"名下让我们依稀看到了沿袭有序的"史"的线索。本文在《中国女军史》的基础上对"女人与战争"的关系做宏观梳理，在中华文明的地缘文化属性中对妇女参战及其相关的军事活动做必要的辨析和性别分析。

关键词：祀与戎　女军　女役　女性观

读孙康宜《独行的缪斯：自传、性别研究及其他》

孙康宜在耶鲁大学任教多年，专修中国古典文学。她将强势的西方现代意识轻柔地带进中国传统文化视界，让隐匿于历史文献中的女才子在海外现身发声。尤其难得的是，她以"有情之笔"【王德威】在人云亦云的学术风向中依托"良知"和"常识"道出种种人世间的真性情，在"政治正确"（Political Correctness，下文全部缩写为PC）的屏蔽中从容不迫地展示出一个个看似不那么正确的真实想法，像是我的同道。本文借助她的文字与她对话，以期通达我们一代华人女性浸润其间的传统和我们身在其中的现代。

关键词：女性主义　政治正确（PC）　传统文化　报信

撰写此书前，我在"对话批评"这条路上跋涉多年，早有多部作品面世，如《女人：跨文化对话》[1]《后乌托邦批评：〈狼图腾〉

---

[1]《女人：跨文化对话》（江苏人民出版社2006年版）出自我与海外学者的直接对话。这样的"对话"还是传统意义上"面对面"的交谈，其最大的问题是：对话内容基于双方的提问和答问，受限于双方的身份差异和对彼此的了解，以及经历、阅历、知识结构的不同，思维很难有自由伸展的空间。

深度诠释（修正版）》[1]《对话汪晖：管窥中国大陆学术风向与镜像（1990~2011）》[2]《心灵考古：新中国人精神档案》[3]；除此，还有一部尚未出版的读书札记《书伴侣·对话批评》。经由20多年的批评实践，我在对话阅读中找到了自由表达的思维方式，任思路在"万向节式"的开放状态中行走自如——这样产出的文字，无论是作者原本的书写，还是我在阅读中即时生发的感想，都可能别出新意，在更加开阔的思维空间里深化我们对事物的认识。用罗兰·巴特的话说，对话批评是复数性质的，"不仅意味着作品具有多重意义，还表示它完成意义的复数本身：一个**不能减少的复数**"。[4] 它向世界展示的不尽是原书作者的观点或我的读后感，更是"众声喧哗"【罗兰·巴特】[5]，如山林中虫鸣鸟啼风吹叶落……众声喧哗中沉淀出一片宁静，是对真问题的思索和对"真"孜孜以求的持续追索。

本书最后的"代跋"无关史学，是一个必要的背景交代。其中有两个具体的问题指向于史家可能是陌生的，于女性/性别研究具有重要的认识价值。一则涉及性别研究的基础理论即"本质主义"问题，直接关乎本书的主题；二则涉及我个人的学术立场和基本观点，有助于理解我在本书中陈述的一系列理论问题。多年来，海外一些后现代学者将我看作"本质论女性主义"（Essentialist feminism）的代表，在全球化语境中给我贴上了"市场女性主义"（the Market Feminism）的标签。20多年过去，我的基本立场和观点没有改变，反倒是更清晰更坚定了。此文亦可看作我对海外学界的回应，放在这里，恰到好处。

---

[1] 我在《后寓言：〈狼图腾〉深度诠释》（长江文艺出版社2010年版）中提出"后乌托邦批评"，以《狼图腾》为蓝本尝试与三后（后现代、后殖民和后乌托邦）相关的"对话批评"，从不同学科方向深入检讨当代世界学术前沿诸多重要问题；后更名为《后乌托邦批评：〈狼图腾〉深度诠释（修正版）》，上海人民出版社，2013年。

[2] 李小江：《对话汪晖：管窥中国大陆学术风向与镜像（1990~2011）》，社会科学文献出版社，2014年。

[3] 李小江：《心灵考古：新中国人精神档案》，上海人民出版社，2014年。

[4] 【法】罗兰·巴特：《由著作到作品》，《美学杂志》1971年第三期第227—228页。转引自【法】茨维坦·托多洛夫：《批评的批评——教育小说》，第69页。

[5] 朱立元、张德兴等：《西方美学通史》（第七卷），上海文艺出版社，1999年，第153页。

本书的附录部分与前文的议事基础是一致的,即以"史料"为基石有的放矢。不同的是,前文是理论叙事,附录部分讲的是基础建设,其特色就是中国特色,在世界上独一无二:从古至今,全覆盖;有始无终,可持续传承和拓展。如今基盘落实,初见规模,我看这是我一生中做成的最让人欣慰的事。

李小江

2023 年 11 月 18 日

大连·庄河·西山湖畔

新史学：螺蛳壳里"筑"道场

——读罗新《漫长的余生：一个北魏宫女和她的时代》[1]

像我这样的年龄、经历和阅历，被一本书绊住的概率很低，除非这书的学术内涵足够新颖，并且有趣。

《漫长的余生：一个北魏宫女和她的时代》（下称《余生》）讲述了一个北魏宫女的故事，反衬出一个动乱时代的历史画卷。因为做过"20世纪妇女口述史"，我这里不缺女人的故事；"千年未有之大变局"，我身在其中，无需史料旁征佐证；无论王钟儿的坎坷人生还是她身处的时代，都不是我关注的要点。让我滞留在这里的，不是具体的历史场景，而是场景幕后的推手暨该书作者的良苦用心：螺蛳壳里"筑"道场。我用"筑"取代"做"，是想强调此书讲述的不只一个人的生命故事，铺展的也不是一次性终结的举事道场，罗新将他多年力倡的新史学观有效地推进到实践层面，身体力行地筑起了一个可做示范的研究平台，为后学跟进提供了难得的范例。

当下，微观史风行。微观史学的历史不长，至今不过半个世纪，近年在中国大陆有爆发的趋势。微观史的出现基于目光向下

---

[1] 罗新：《漫长的余生：一个北魏宫女和她的时代》，北京日报出版社，2022年。

的政治理念，对传统史学的宏大叙事是挑战也是补充；但它的史学抱负与传统史学是一致的：将"微小"宏大化，在史料分析的基础上试图让一滴水珠"变成一个小小的世界"[1]，依旧是在传统的史学观念中做文章。表面看，《余生》很像一部本土化的微观史，其故事来源基于一方女性墓志铭，不仅主人公微小如尘，细节分析也如剥茧抽丝，说"微"是恰如其分的——但这不是一部微观史，它的分析框架不在时下盛行的微观史之套路中，书里没有以小人物做成大历史的僭越心态，也不见"滴水／海洋"的史学抱负；相反，它的目光是平视的，它的叙事路径因此可以在广阔的历史画卷上从容而平缓地徐徐展开。

确切地说，这是一部面目全新的史学著作，将（一个）"人"的生命故事嵌入世间生活的历史肌理之中，旨在新史学观的光照下做一次新的尝试——其新，主要表现在两个方面：

一是观念，"关心弱者、为边缘人发声"。之所以"关注遥远时代的普通人，是因为他们是真实历史的一部分，没有他们，历史就是不完整、不真切的"。罗新认为："对普通人的遮蔽或无视，是传统历史学系统性缺陷的一部分。"（54页）认识到传统史学存在的问题并不新鲜，正是这缺陷太庞大太过触目，才引发了史学观念的革命。在这个方向上，罗新之新，新在他将"系统性"看作缺陷之根，他想做的，是在史学观念的根脉上更新历史的叙事平台——在《余生》中，**"事件"退位了，让渡于"人"**——借助这样的平台，每一个人（无论其性别和社会身份）都有可能被看到，被讲述，成为历史中的主体之在。

---

[1]【法】埃马纽埃尔·勒华拉杜里："蒙塔尤是滩臭气扑鼻的污水中的一滴水珠。借助日益增多的资料，对于历史来说，这滴水珠渐渐变成了一个小小的世界；在显微镜下，我们可以看到许许多多微生物在这滴水珠中游动。"《蒙塔尤：1294—1324年奥克西坦尼的一个小山村》，许明龙、马胜利译，商务印书馆，2003年，第428页。

二是方法，对社会史研究而言，这是一个至关重要的问题。没有新方法，就不可能呈现历史的新貌。新社会史研究的几部（海外）著作之所以被看作经典，并不因为它们揭示的历史样态具有多少普世性，而是其方法具有普世价值：发掘方寸之地的尘封档案，采用口述的、图像的、微观的、解构的……各种分析手段，追随者众。罗新在方法问题上另辟蹊径，吸引我在这里驻足：践行新的史学理念，他该如何取材？如何分析？如何阐释？

首先是材料即史料。我完全认同罗新的看法：**"一切史料都是史学。"**[1] 相比其他因素，我认为史料是第一位的：它是由不可见的曾经之在到可见的"历史"之间唯一有效的中介。最重要的，它们本身就是历史的见证，以不同形式承载着或可见（如壁画、照片）、或可释读（如文字、文学）、或可听闻（如戏剧古乐、录音录像）、或可传播（如杂史笔谈、神话传说）的历史信息。追寻昔日的人事，恰如烹饪，巧妇难为无米之炊。有史料在，才能做研究；有新史料面世，才会有更多的历史新见。历史学家的工作就是讲故事，讲述之前，必须有那些原初的资料自在人间。进入新史学研究，史家的目光向普通人汇聚；可是，史上可有几人为普通人做传？又有多少人用心记录底层社会的日常琐事？新史学研究最关注的问题也可能就是它自身的短板：材料从哪里来？

在《余生》中，罗新使用的基础材料是墓志和几部正史，间或穿插一些地方志信息。不同于以往的史学著作，在他这本书里，墓志铭是叙事主干，正史做个策应，方志成为点缀信手拈来——深藏地下的墓志铭、方志和史记类的官志，三种都是中国特有的历史记录，可谓中国特产，合唱一处，唱出了别样曲调。

---

[1] 罗新：《有所不为的反叛者：批判、怀疑与想象力》，上海三联书店，2019年，第13页。

在中国，人的历史感几乎是先验的，经数千年陶冶，不仅因为有《史记》类的官方记史方法历代接续，更有无数家谱族谱深入民间，在先祖的姓氏名下有序传承。所谓传宗接代，生生不息，是一种基于血脉赓续的历史观，世代相袭，沿袭的不只是历史观念，还有记史的方式：文字——自古至今，国人惜字如金，因为字可以自成历史，如二十四史、地方志、家谱、墓志铭……从国史到方志，从家族谱牒到墓志铭中呈现的个人生平小传。过去，史家认可的文献基本上都是权授文字，能做记录的都是文人，都有官方或地方认可的社会身份。今天，可用的史料范围极大地扩展了，从丧葬形制到墓中壁画，乃至诗歌、小说、笔谈、方言，甚至声音……如何记录并不重要，重要的是必备的历史条件：记录者身在现场，和被记载的"史料"具有同一时空属性。毫无疑问，墓志铭具备这样的条件，它和墓主人同处一个时代，它本身也是"曾在"的真实史迹，其可信度远在其他形式之上。墓志的发掘和不断汇编成书是学界的福音，为新史学研究提供了丰富的资源和开阔的场地。近年，有关墓志铭的多部研究成果陆续面世——《余生》在这个队列中，我看它之有趣，不在史学观念，在它讲述的方法：如何用数百字的墓志铭文讲出一个"漫长"的生命故事？

第一件事，去伪存真——罗新去的是哪些"伪"？

墓志铭，因为公示于众，史上有意作伪者不多。这方慈庆的墓志铭文是孝明帝"命史臣作铭志之"，由朝廷专职写作的官员常景撰写。文中之伪并非刻意，不过是男性文化主导下的随到之笔，涉及两处：一是她的字（俗姓王氏，字钟儿），罗新校正："北朝墓志记女性的'字'（以及北族人物的所谓'小字'），其实都是本名。"二是她的原籍（太原祁人），罗新说，太原郡的祁县只是郡望，"郡望在那时主要用于表明自己的姓族来历"，而并非她的出生地。（15

页）两处小小的更正和补充看似微不足道，对日将清晰且行将壮大的"女性文献史（观）"[1]而言非常重要，对我们在新建的"女方志馆"中进行人物分类有直接的指导意义。

第二件事，避虚就实——罗新避的是哪些"虚"？

魏故比丘尼统慈庆墓志铭拓本（现藏于浙江省博物馆）

中国古代的悼念文字有固定的套路和行文规范，溢美之词连篇，罗新看它们"多是套话"，避而不谈。难得的是他在虚文套话中看出了一些实质性的内容：一是婚姻，"年廿有四，适故豫州主簿行南顿太守恒农杨兴宗"，罗新看出了异常：24岁出嫁算是晚婚（那时女性婚龄大概以13—15岁最为常见），因此猜测"王钟儿

---

[1] 关于女性文献史观，我有专文："从女性主体出发，在实地考察的基础上重新认识人类文化遗产（relics）的历史价值，将女性的文化遗存（无论以什么形式呈现出来）看作广义的'女性文献'（female documents）……女性的文化遗存遍布人类生活各个领域，与生命史、日常生活史、部族和民族的历史以及心灵史、人类情感和审美的历史密切相关。"*Writing and Wearing: Engendering Documents in History*，见 *Asia Art Archives*，2018年7月12日，http：// aaa . org . hk / en / like - a - fever / like - a - fever /writing - and - wearing - engendering-documents - in - history / tepe /essays，访问日期：2023年6月3日。

的晚婚必有特殊原因,当然也许这并不是她的第一次婚姻",寥寥数笔,为之后的生平分析提供了一些参考信息;二是身世,从几个字的提示中(王钟儿的父亲官至郡太守,她的丈夫曾为州主簿)罗新断定:王钟儿的父家夫家都属晋宋社会中的"次门"即"低等士族",门当户对,猜想她前生的太平日子该能过得中规中矩,与"余生"沦为奴婢的身份判若天壤;三是王钟儿的出嫁之地"豫州汝南郡治悬瓠城,为当年刘宋淮西边境的要塞,地据汝水上游,战略意义极大",罗新就悬瓠城的地理位置和名称由来多用笔墨,为王钟儿日后"掠没"埋下了重要的伏笔。

第三件事,叙事,讲故事——罗新用什么材料讲她的故事?

略志,留铭,"王师致讨,掠没奚官",罗新的故事是从王钟儿被掳开始的。正是从这里开始,王钟儿的女性身份从传统家庭中解脱出来,让"余生"开启了新的篇章——罗新将这新篇定名为"余生"[1],我有些耿耿于怀:一个女人即一个独立的生命个体,怎么她"正常的生命轨迹"离开了夫家就会"骤然休止"?明知30岁以后的她活出了不同寻常的另类风采,为什么还断言说她长达56年的后半生"暗黑无边"?可见,仅仅史学观念的革新是不够的,话说女性,还需更新的性别意识及时跟进。无论"休止"还是"暗黑",寻常的同情心中略发感慨,不小心也会落入男性文人居高俯就的价值判断之俗套。罗新其实清楚:"现代历史学最鲜明的特征是解释性和分析性,不是单纯讲故事,更不是一味发感慨。"(322页)有趣的是,当我们跟着他的思路进入他的分析框架,不无意外地发现,史学陈述中也会出现与"安娜之死"(【俄】列夫·托尔斯

---

[1] 那一年王钟儿三十岁,对她来说,人生发生了惊天巨变,正常的生命轨迹骤然休止,剩下的便是暗黑无边的余生。可是谁想得到,她在北魏皇宫竟生活了长达五十六年。这真是漫长的余生。《漫长的余生:一个北魏宫女和她的时代》,第11页。

泰《安娜·卡列尼娜》）相似的笔触：王钟儿的余生的确漫长，却并没有像作者预判的那样"骤然休止"；相反，它是一次又一次新生活的开始，不遂人意，却能将"女性"的社会功能（不只是生育）在诸多方面用到极致。

墓志铭中文字寥寥，分析该从哪里开始？

面对历史上浩如烟海、尚未释读、有待破解的墓志铭文，初学上路者多半望而止步，明知珍贵，下手困难。坦白地讲，我在这里驻足，很大程度上就是因为它使用的基础材料是墓志铭，心存两点私念。一则，历史上少有普通女性人生的完整记录，墓志铭是个例外，一方女性的墓志铭就是一个女人的传记。已经发现的上万方女性墓志铭文是中国妇女史研究的富矿，《余生》的面世恰逢其时，为晚生后学提供了一个值得效仿的分析范本。二则，我们的女性/性别文献资料馆已经收藏了女性墓志拓片逾千方，整理和释读并不困难，难的是分析和阐释。未经甄别和阐释的墓志铭犹如破碎的文物残片，价值无多。《余生》让我喜出望外，让我细读。希望我的读后感能够较为清晰地道出它的分析路径，给我们这里正在做墓志铭整理和研究的年轻学人一个可做参照的示范。

我看《余生》之长，长在分析。螺蛳壳里筑道场，罗新的道场并非空穴来风，字字句句都盘缠在铭文提示的"关系/关联"中，顺序清理，逐一剥离：由和王钟儿同一时代身处相近地域的"她（们）"引出了多样化的女性生活，由与之命运相关联的"他（们）"以各不相同的人生际遇带我们走进了男性主导的社会空间。这样一来，关于王钟儿的叙事线索被极大地拓展了，读者的视野也跟着开阔了许多。

关于王钟儿被掳，铭文中有交代："值玄瓠镇将汝南人常珍奇据城反叛，以应外寇。王师致讨，掠没奚官。"罗新补充，说她"掠没奚官"是因为常珍奇的第二次外叛——从第一次到第二次主政官叛降,王钟儿26岁到30岁,四年动荡的岁月让她在家乡时就不得安生,最终身家不保沦为奴婢,原因在战乱,由此引出了大的历史背景:从地方镇守到刘宋朝廷内乱,再到北魏奚官,书中有五章专事交代,资料来自多部正史和方志——这是作史的通例,这里略而不谈。第八章之后的叙事,从王钟儿入宫后第一份工作到出家后以"尼统"身份获得最后的殊荣,铭文中也有交代,追溯或扩展并不困难。最难的是第六章《青齐女子》和第七章《宫女人生》两章,前者界定的是地域属性,后者讲的是一般宫女的生存环境,对理解"余生"至关重要——于此,墓志铭中并没有只字提及。无米之困,作者凭什么给我们托出了阅读的盛宴?

凭借的是史学家独有的想象力。

历史的想象力,建立在历史逻辑的基础上。不同于形式逻辑,历史逻辑的核心是因果关系,"因"和"果"都不是抽象的概念,而是可信的史料;演绎或归纳也不单纯是概念推理,而是想象力张弛有度的叙事工具。史学家的想象不是天马行空,必须接地气,像踩梅花桩一样,步步都要落实在有实证的桩柱上——这两章的桩柱,就是有实物和文字记载的墓志铭,罗新有话:

> 一般来说,普通宫女不大可能进入正史列传,我们对北魏宫女仅有的一点了解都是靠20世纪以来出土的墓志。宫女的法律地位远比普通农民低下,但她们更靠近权力中心,因而也更有可能偶然地成为权力的一部分。(55页)

引用墓志铭,再多,也都是碎片,罗新是怎样将这些遗漏在历史缝隙中的碎片缝缀在一起的?《余生》的行文中,依次可见三种方法。

一是相关性的历史陈述，从宏观着眼，从制度入手，第五章《北魏奚官》做的就是这件事：解释奚官制度之由来及其功能（"奚官是魏晋以来管理宫廷奴婢的机关"），展现奚官中不同性别的生存处境（"无论是男性宦者还是女性宫女，其来源多为罪犯与俘虏……罪犯之家成年男性多被处死，仅剩少年入宫；宫女更不分年龄……'付宫'时都在成年"，48—49页）。宏观陈述的资料大多来自正史，不是针对哪一个人，说的是特定历史环境中一群身份相似的人的总体状况。

二是相似性的个案分析。如张说的妻子皇甫氏（"说妻皇甫氏被掠，赐中官为婢。"《魏书·张说传》，皇甫氏不从，装疯卖傻，最终被夫家赎回，50页），又如罪人之女文罗气（入宫后被赏赐给刘姓宦官，其养女成了孝明帝的淑仪，文因此风光一时，52—53页）——同样遭际中各不相同的女性人生，为理解王钟儿的"余生"提供参照。第六章在《青齐女子》名下展开，对（接下来要谈的）第三种方法是一个必要的限定。青齐指称地域，而地域的界定是相似性中不可或缺的基本要素，遗憾的是，作者在行文中将"青齐地区"和"刘宋的青冀二州"相提并论（见下述引文），对地名出现的差异没有做出明确的解释，难免让人心生歧义：如果拿它作常识看，王钟儿或文罗气的原籍既不在古史中的青齐二州，也不在今人熟知的青齐文化范围内；若作泛泛指称的广袤区域看，用在历史叙事中似有不妥。确凿无疑的时空属性是制约一切人文现象可比性的前提，一切可被称作史料的信息只有在明确其地点和时间之后才能被使用——在此特别提醒，是想后生学人在"讲故事"的起步阶段小心举步，涉及的时空概念必须确凿无疑，谨防想象力的疏漏、跳跃、走偏。

三是类比。从宏大叙事落实到在点分析，即从大到小、从宏观到微观、从虚拟或抽象的概念到可见的具体人事，通用的方法是类比：同类相比，触类旁通，第七章《宫女人生》用的就是这种方法。"宫女来源除了战争掳掠（来自南朝），还有家庭陷罪（来自北魏），共同点是都出自官宦家庭。"（65页）同类身份，相似的命运，从同时期多个宫女的墓志铭中可见王钟儿入宫后的一些生活细节。

> 见于墓志的北魏宫女中，还有至少四个是和杨氏一样，在同一个时代背景下，同一时期从青齐地区（刘宋的青冀二州）被魏军掠入平城。这四个宫女是刘阿素、张安姬、缑光姬和孟元华。（59页）

这些宫女中"可能王钟儿熟识的不少。比如地位最高的宫内司杨氏曾和她一起侍奉高照容，并一起养育宣武帝及其弟妹。王钟儿与内宫第一大厨王遗女也应该相熟，两人同龄，而且同样在宫里度过了漫长的余生"。（71页）如此文字就不再是单纯的分析，而是基于类比生成的解释。

分析和解释，两者不可或缺，在叙事过程中其实是互为你我的。分析，考验史家的学术功力，几斤几两，全看解析之刀穿透历史的深度几寸几分；没有足够丰厚的知识积累，在哑谜般的铭文面前将寸步难行。解释，是概说也是综述，缝缀碎片般的历史信息，检验史家的历史观念和思辨能力。分析要尽可能地深入事物肌理，力图呈现"在"之然；解释就是讲故事，试图说出"在"之所以然，倒叙者多，通常是一个由"果"溯"因"的过程。

以普通人为故事主角，作史的方法也会有很大改变，主体地位的置换必然导致想象空间的无限拓展。传统正史的主角是帝王将相，以"事件"为中心的大历史无不围绕着改朝换代，极大地约束了"真实"的叙事空间：非亲身参与者或亲眼见证者无权发言，在起点上就将普通人排除在（叙事）"资格"之外。换了主体，将视野拓展到普通人，历史的叙事线索就不再是单一的或唯一的，在"关系"中展开，一定是多元的和丰富的。传统史学中难以呈现的"情感/精神"也都有望在多元化的叙事空间中重见天日——在这个层面上，历史才能真正呈现出（它原本）多元、立体、丰富的内涵，"滴水·海洋"的关系也会发生本质性的变化：不再以"滴水见海洋"的是否去判定滴水的价值，而是互为背景。也就是说，只有在人类生活的大海中看见无数各有千秋的滴水，海的面目才可能真正接近历史的真实。对比故事和历史的关系，罗新说："故事有主人公，有开始，有结束，历史没有。故事是江河，有源头有终端。历史是海洋，没有起点，也没有终点。"（319页）尽管罗新特别强调现代史学"怀疑"和"批判"的品质，[1] 但他的历史叙事其实相当客观而非激进的批判。在我看，怀疑的意识和批判的立场于史学研究应该是先验的，体现在史料选择和分析过程中；一旦进入叙事和阐释，批判的锋芒就该收敛，退隐在史料背后，尽量让"故事"自己站出来说话。我讲这话，主要针对半个世纪以来"女权主义史学观"主导的妇女史研究通例。这里以《余生》为别样范例，我想强调：历史就是历史，故事就是故人往事，承载不起太多今人的新事新思想。史家秉笔直书，书写的还是故事，对曾经之在的人或事，不批判，不评论，呈现而已。只有这样，我们才可能在"余生"中看到王钟儿（尼僧慈庆）接近真实的生命印记，在动乱时代的边缘地带发现女性"真实"的生存状态和"可能"的社会空间——这些意外的发现看似另类，其实不尽然：作个体看，似乎人人都偏离了"正常"轨道，非常态，是异端；作整

---

[1] 可见罗新的专著《有所不为的反叛者》，副题就是"批判、怀疑与想象力"；其中第一章将"批判"看作"历史学家的美德"之最（第2页）。

体看，墓志铭中那些看似不够正常的人生轨迹比比皆是，大有人在，汇聚成川，展现出来的可能恰恰就是中国历史上女性生活的本质样式，是女性人生在父权制社会中的常态。

比如民族身份和等级制度，在父权社会里非常重要，尊卑有序的人际关系是社会秩序的基础。以父系为主脉的家族链条上，男性的身份等级多半是世袭的，相对固定；[1]女性的不同，非固化，可跨越，随丈夫、儿子或某个男人的身份随时可变。世界文明史上，主流社会对女性的民族属性和家庭出身之贵贱并不那么看重，看重的是（女）色、性和生育功能。脱离了原生族群的男性个体在异族人的社会里很难存身；女性不同，恰恰是个体的女性，可能因为单纯的性关系、婚姻关系或生育关系即时改变原有的民族属性和社会地位。《余生》中，身世显赫的斛律氏是这样一例，[2]罪人之女贱如奴婢的宫女文罗气也是同样的案例——如此际遇和待遇，在女人的意识形态中是有反馈的，其反噬效应与惯常的刻板印象会有很大差距：女人对民族身份的认同未必像男人那么信誓旦旦，其阶层归属和对等级制度的认识未必像男人那么听天由命，其道德意识即贞洁观念也未必像"列女传"记载的那么根深蒂固不可撼动。

特别值得一提的，是女性与血缘关系的疏离和让渡。父权社会里，男性以血缘关系为识别"家人"的唯一标准，血脉相承也是个人情感生活的重要基石。女性则不同，血缘或亲缘关系可能先天成害（如子贵母死、外戚干政等），常太后的身世和身后之事

---

[1] 对此罗新有专论："身份制与等级制社会对出身与流动限度是非常敏感的，出身寒贱者只宜在一个限阈内流动……突破身份的制度性极限，意味着必须面对否定性的社会舆论。"《漫长的余生：一个北魏宫女和她的时代》，第240—241页。

[2] "景穆帝的正妻斛律氏，应该是出自高车的斛律部。""王钟儿在平城宫最早的工作，就是服侍景穆帝的这位斛律氏昭仪。"《漫长的余生：一个北魏宫女和她的时代》，第76页、第72页。

（《余生》第九、十一章）可见一斑。非血亲关系反倒有可能成为命运转折的契机，如冯太后入选后妃及其对"子贵母死"制度的滥用。《余生》第九章到第十一章对此有专论，书中各章也有大量相关信息，给血缘认同的"性别差异"留下了很大的阐释空间（非本文要点，可做余论）。即使在日常生活中，女性的情感基础也远比血缘开阔[1]，可以是生养关系（嫡母、继母、慈母、养母[2]），也可以是日常照护（保姆、近侍，如王钟儿入宫后的主要工作），甚至可能是同庚同学同事（所谓闺蜜）……从古至今，此类众多，不赘列举。

《余生》中普通女性的人生故事，基本上都出自墓志铭，是有实证基础的，它们从多个角度证实了有史以来广泛存在于社会生活中一个非常重要的现象：女性社会身份的非固化和不确定性，其对女性生活的影响以及它在社会历史进程中的实际作用（如民族融合、文化融汇），在正史中多见记载却少有提及，至今悬而未解：孰是孰非，是好是坏，远非一个简单的"女祸论"或遍布世界的"第二性说"【西蒙娜·德·波伏瓦】所能涵盖。长久以来，人们在既有的说辞中人云亦云，史家也不例外，他们难免会以"正统"的方式在"主流"社会中持续不断地生产出巨大的认知误区。我看《余生》之难得，不仅因为它出自一位心在时代前沿的男性史家之笔，更是因为它的笔法继承了传统史学纪传体"说人事"的叙述风范，因此我们才有可能在它"娓娓道来"（而不是"挥斥方遒"）的故事中发现：与男性身份相对固化和生活空间相对狭窄不同，女人（如王钟儿）的人生故事带出了多民族、多层次、多元化的社会生活场景，不计胜败，不拘身份贵贱，丰富多彩。推而论之也可以说，

---

[1] "据说慈庆弥留之际，还不忘给孝明帝留话，涉及为国家治理献计献策……多少能说明她对自己抚养长大的孝明帝的感情。"《漫长的余生：一个北魏宫女和她的时代》，第8页。
[2] 按照《唐律疏议》卷六《名例律》中"母亲"称谓的分类。（女史李志生分享）

出自女性的文献史料（包括手工、女红和食物、饰物等）更多地承载着"日常生活"和"人际关系"的历史信息——这恰是正史和传统文献中多有疏漏的部分，而在新社会史研究中尤为珍贵。

最后想说的，很有趣的是，关于比丘尼的生活和评价，正史中少有论说，《余生》中尼僧的故事因此新鲜。在第十八章《投迹四禅》中，通过类比的方法，罗新对"魏故车骑大将军平舒文定邢公继夫人大觉寺比丘元尼"元纯陀的墓志铭做了充分的释读和诠释，将难得一见的观点陈词笔端：

> 出家以后，元纯陀一定程度上解除了与邢家在法律、道德与社会生活层面的义务，同时获得了在不同家庭、不同社会团体、不同空间限隔之间行走来去的自由。在这个意义上，佛教不只提供了一种信仰、一种理念，也提供了一种社会生活的新可能。[1]

元纯陀临终交代不与前夫邢峦合葬，罗新特别做出解释："如果元纯陀没有出家，她的女儿大概想不出不合葬的理由，而邢逊也不敢不办理合葬……在人生的尽头，元纯陀的比丘尼身份再次赋予她某种选择的自由。"藉此，作者进一步发表了他的看法：

> 宗教社会史研究者早就发现，女性在新兴宗教的发展与传播中特别活跃……新宗教至少在一个时期内会提供对抗已有建制的思想资源和组织力量，女性对此是敏感的，也是积极采取行动的。（191页）

《余生》书中，第十八章和第二十三章是我最喜欢的篇章，不

---

[1]《余生》中使用的类比方法，资料多出自墓志铭，在揭示相对封闭的隐秘生活方面卓有成效，如第十八章《投迹四禅》对元纯陀（拓跋云的第五女）墓志铭的释读，对我们了解当时女性的婚姻生活乃至出家后的精神世界都有很大的帮助。《漫长的余生：一个北魏宫女和她的时代》，第176—192页。

只为它的解析方法和全新的诠释,更是对史学家该有的血性和勇气心生欢喜。我相信,新史学不仅要更多地呈现普通人暨"人"的主体地位,也需要史家的文字更多地彰显出学人的精气神和精进的思想之光。(本文用"比丘尼"结尾,一则呼应"尼统慈庆"出家人的身份;另则,也想透露一点自家风声,希冀后生学人能够闻风跟进。)这两章的真正主角是多位尼僧,资料来源基本上都是新近出土的墓志铭。罗新的诠释像启开了一扇扇有光的窗缝,让我们有望在这些由邻家女子转为尼僧的人生轨迹中看到更开阔、更有深度,更有趣因而亟待开发的历史空间——从中,可以期待的不仅是历代史书上难见的女性生活之丰富和多元,还有女性自主选择信仰和归宿的历史信息以及她们尘封已久的精神世界。

长久以来,俗世坊间对比丘尼有很多偏见,以为她们弃绝尘世,孤灯灰影,命运多舛令人唏嘘;连罗新也免不了用"暗黑"渲染"余生"的品质。但是,在叙事过程中,罗新展现的却是另一番景象:"北魏迁都洛阳以后,被废或失势的后妃有不少出家为尼的……有著名的瑶光尼寺,便是专为这些特殊身份的出家人准备的……据《洛阳伽蓝记》,瑶光寺有'尼房五百余间'。"(引言4页)对于包括年迈的宫女如王钟儿(们)在内的女众信徒来说,出家,远不单纯是个信仰问题,首先是生路。活着,哪里是可靠的栖身之地?身为奚官,她们早已失去了故国故乡故土,无自家,无子孙,何论出"家"?那个赖以栖身的宫廷官家于她们原本就是囚身的牢狱;因此,对她们而言,出家也是救赎,横竖有了一处栖身安心的归宿。《余生》中讲了不少这样的故事,从达官贵人到身份微贱的宫女,依稀可见女性与佛教乃至宗教的关系:微不足道,隐秘不宣,弃绝尘世的心思里实则充溢着求(新)生的欲望,从古至今,小异大同。过去,不少女子甘愿放弃"正常的人生轨迹",自愿出家是为了逃避婚姻；如今要逃避的，不仅是尘世中的种种烦恼，还有现代社会中难以承受的竞争压力和虚妄的功名。

这些年我在秀峰脚下租屋长住，顺便做着女众道场庐山万杉寺的即时跟踪研究。对诸多女性信众的深入访谈让我眼界大开：古往今来，女性多是"先出家后信佛"的。尤其在今天，比丘尼的生活远不像人们想象中的那么不堪。她们进入佛门，不只是走进了高悬尘世之上的信仰世界，更是一种（现实和务实的）生存方式的选择。偏离了"正常"，她们并没有落入无边的暗黑；相反，在江山一统的缝隙中别开洞天。从皈依到剃度，从出家到常住，这人世间所有女性中，只有她们可能真正做到自主择地，自由来去，自在生存，无碍且无牵挂。因此，看罗新在开篇引言中说"比丘尼的身份使她们能获得某种程度的自由和新生，至少能保持某种相对独立的社群生活"，（引言4页）不由得会心一笑。她们的生路多了，我的心路和思路也都更宽绰了。

守史学之根，寻历史之"真"

——读李志生《唐虢国夫人：文本与日常生活》[1]

史学的根本是什么？

是史料。无论新史学还是传统修史，**"任何历史研究都应当从分析原始资料开始。"**【勒华拉杜里】[2] 史家追寻的终极目标是历史真相，一代接一代，在 "知其不可为而为之的再现论"【詹姆逊[3]】中，为人类世世代代身心健康发展构筑"接地气"的精神家园——如此高贵的境界，与唐虢国夫人有什么关系？

虢国夫人，杨贵妃三姊，宰相杨国忠堂妹，骄奢跋扈不可一世，因盛唐时期张萱的《虢国夫人游春图》和历代文人著述而名在史册——遗憾，其名不善，与"红颜祸水"同步相传。她本人的身世面目也并非自在清朗，"虢国夫人自其文本出现之始，就是以唐玄宗时期的政治和帝王个人生活的附属而存在，她'长久以来被"封装"在男性知识和权力精英的各种叙事文本'"（38页），从宋代欧阳修到明清的戏文传唱，恶评如潮……直到李志生的《唐虢国夫人：

---

[1] 李志生：《唐虢国夫人：文本与日常生活》，陕西师范大学出版社总社，2021年。
[2] 【法】埃马钮埃尔·勒华拉杜里：《蒙塔尤：1294—1324年奥克西坦尼的一个小山村》中译本前言，第2页。
[3] 【美】詹明信（詹姆逊）：《马克思主义与理论的历史性》，张旭东编，陈清侨等译，载《晚期资本主义的文化逻辑：詹明信批评理论文选》，生活·读书·新知三联书店，1997年，第38页。

文本与日常生活》面世。

作为"性别研究文史文献集萃"系列丛书主编,早在2020年我就读过此书的初稿,看好它做文本考据的真功夫。近期新书面世,再读,有意外的收获:在传统史学的根脉上不期撞见了历史之"真"的精髓——它若隐若现,一脉相承,无论弥漫到哪里,都会牵扯出有关女性的意识形态问题。

整个文明史中,作为群体的女性长久未载史册。妇女史的浮出,得益于女性主义史学"披荆斩棘"的开拓之功。历史文献中关于女性的信息多半出自男性笔下,无不携带着父权制意识形态的印记;不披不斩,难见"女人"的真相。迄今呈现于世的历史,隐含着一部男性主导的性别观念史;要想做好妇女研究,不得不从"剥离"(批判)历代即成的"史实"开始。因此,女性主义史学一总附着在传统史学的根脉上,手心手背,两面一体,在难以撼动却不能信赖的史料面前翻云覆雨。半个多世纪以来,历史的舞台几近成为两性对弈的战场,这与两性和谐共生的历史事实并不相符——对此,早有认识,却苦于没能找到走出困境的门道;有前卫的史学理念,却一直缺乏有说服力的史料认证。我总以为,在人文社会科学领域,没有以扎实的考据为基础的史料做台基,任何理论都是无根的,难以有序地传承。因此,数十年下来,我将希望放远在有专业根基的后学身上,把心思和目光笃定投向历史深处,一边径自全力以赴创业奠基[1],一边期待着同仁同道相向掘进。终于,黑暗的巷道里不期而遇,我在李志生的研究中看到了那一缕"真"的光束。

李志生,女,中国古史专业,本硕博均毕业于北京大学历史系;

---

[1] 自20世纪80年代至今,我在妇女研究领域的主要工作都与"奠基"有关。详见本书"附录"。

追随邓广铭、王永兴等老一代学者，学生做得毕恭毕敬，学问做得战战兢兢，笔下文字显露的尽是考据派修炼出来的慢功夫，与当下学界急吼吼的张扬喧嚣判然两个世界。滔滔学海，新潮汹涌，为何耐得住寂寞？寻求历史之真，坐冷板凳就是硬功夫。《唐虢国夫人：文本与日常生活》面世后，我和李志生曾就"真"的问题有过讨论：数十篇文本考据下来，"哪个是真？"她的回答让我吃惊："没有哪个是'真'的，历史的真相就是'不真'。我们必须抽丝剥茧地寻找可能的历史真相。"

分明是流传至今的真文本，何以全都"不真"？

所谓文本，无不出自文人之笔。笔随脑至，所有的历史文本无不留下了记录者的思想印记，从初本到近世，概莫能外。就以虢国夫人为例，对其历史文本逐一罗列考据后，李志生总结：

> 唐代虢国夫人文本呈现了如下特点：一是文本形式多样，既有诗歌，也有笔记小说，还有对国史的引用。二是诸文本对虢国夫人事迹的记载零散，每一文本仅是对个别事例的记载……三是对虢国夫人的记载重点不在她的个人生平经历，而在与政治人物或政治局势的关联上，即玄宗的特殊宠待、奢靡生活、杨家的威势、私生活放荡等几方面，而这些方面也成了其后虢国夫人文本衍变的诸方向。（91页）

从最早的史料开始，真功夫用在刀刃上，甄别和分析提前到位：

> 《旧唐书》对虢国夫人的记载有如下特点：首先，此书虽未为虢国夫人立传，但其事迹在书中大致是首尾相接的，这也是《旧唐书》编纂特点……其次，此书对虢国夫人的记载，当是对唐国史、实录进行整合后的结果。而作为第

一部将虢国夫人事迹进行整合的正史著作,它通过虢国夫人事迹的**选择性记载**,实为虢国夫人做出了定性,那就是她的奢靡、跋扈、违礼及玄宗为宠她而对法度的僭越等,都是致使天宝政治走向昏暗的重要缘由,而这也为后代文本以虢国夫人为祸首做出了重要指向。(104页)

将原作中两段话长录于此,是想强调它的重要性,面对"第一部将虢国夫人事迹进行整合的正史著作",作者的立场清晰可见,不是盲信盲从,而是必要的提醒和质疑:"即便是最早记录的文献史料,即便是出自官方史家之手的正史",只要经由"选择",呈现于世的就未必是历史的全部真相。它们携带着(当时)现实社会的尘埃,不由分说地落定在被记载的历史人物身上——抑或,"尘埃"就是历史之在的部分真相?历代尘埃累积叠加与时俱进的品质,或许就是历史文本不断被后世修订、篡改或重说的前提?如是,接下来的问题很重要:那些去之不尽的"尘埃"究竟是什么?它因何出现、由谁携带、何以成为求真路上难以去除的历史障碍?这类问题古今同质,长久横亘在史家面前,让历史研究深陷在求真的两难困境中:去除它,如西西弗斯推动巨石,去之不尽,周而复始;不去除,它即成为历史真相的遮羞布,让史家在"半遮面"的史料面前踟蹰不前——于此宿命,史家要么绕行而过,要么坐而论道,少见有人迎难而上。

李志生知难而上,因为她有据史料而作为的底气。将新史学的视界带进古旧文本,让尘封的故人故事重新焕发生机,读过《唐虢国夫人:文本与日常生活》,高世瑜(唐史专家、新中国妇女史研究的先行者)看它可作范本,在旧学新用的方向上"对于年轻人日后做学问有一定示范作用"。[1] 示范，重在展示，此书的重点不在追究虢国夫人生平细节的真实与否，"主要观照的是文本的出现及所载事件的生发与衍变"（60页）。"虢国夫人的历史是在文本的衍进中逐渐增饰而成的"（31页），这不是特例，一切被记载的人事都有可能在文本的历史演变中不断被改写，在不同立场和观念的剔抉取舍中逐渐成为今天可见的样态。以虢国夫人为例，李志生在传统的叙事轨道上逆向而行。所谓"逆"，针对正史而言，可见四个不同寻常的面相：其一，女人，除非个别有政治地位的，古代女性少有专论；其二，恶人，红颜祸水，盖棺定论，翻案困难；其三，边缘人，其生平脉络隐含在显赫的人际关系中，她本人并没有主导或参与重大事件；其四，物化人，奢靡的日常用品展现的多是物质生活，在正史中少有正面描述——四个面相叠加，寻真是难的。最难的不是寻找史料，是面对层层增饰的史料取舍困难；所谓真相，在历史文本的衍变中真假难辨。

如何通过文本寻找历史的真相？《唐虢国夫人：文本与日常生活》试图回答这个问题，它用全书一半篇幅陈述艰难的寻真历程。依次分解，三个步骤，排序不容置换；环环相扣，步步不可或缺。

首先，"上穷碧落下黄泉，动手动脚找东西"【傅斯年】，尽可能搜寻乃至穷尽相关文本。此事李志生做得漂亮，在虢国夫人名下遍揽众说，"几乎将千年以来的相关史载和文史作品搜罗殆尽"【高世瑜】。书中，第二步和第三步是并行的，在历时分类的基础上对具体的文本逐一辨析，时代特征和书写者的个人立场在李志生的解析刀下清晰地展现出来。照通常的做法，接下来该做的，是在甄别真伪的基础上解读资料——李志生有所不同：在新史学

---

[1] 高世瑜：《唐虢国夫人》读后感，2023年4月1日在《唐虢国夫人：文本与日常生活》新书发布会上的发言。

的光照下，确信"一切历史的再现都不可避免地含有想象和虚构的成分"【海登·怀特】[1]；吸纳女性主义史学研究成果，认定既有的历史文本都留下了男权社会意识形态的烙印。因此，她并不打算在既有的议事平台上评判是非，而是将所有文本都回归放置到它们生成的时代背景中——这一来有趣了，我们看到的不只是个别事件的表述差异，更多的是不同文本在同样的意识形态环境中显现出的相似性：

> 在虢国夫人问题上，我们首先看到的，是所有文本均由男性撰写而成。而在中国历史上男性文人掌控话语权的语境下，很多时候，当男性君主的统治出现问题时，男人们下意识地寻找祸根缘由的路径就是指向女人。在他们的描述中，举凡妲己、妹喜、褒姒、赵飞燕，都成了历史上著名的"女祸"。（50页）

经由文本考证，可见两个分期：第一阶段（第四章）是唐、五代和北宋，第二阶段（第五章）是元以后直到清末。唐至北宋期间，但凡汉人主政的地方，文本的性质大同小异，没有偏离女祸这条主线。难得作者在众口一词的"女祸说"中理出了它特有的演进路径：盛唐社会风气开放，虢国夫人的出现顺理成章；安史之乱虽然终结了她的性命，却没有将女祸的帽子直接扣在她头上，在"儒学有待复兴的唐代后期……以儒家女祸观来衡评虢国夫人者，尚不多见"；但是，到了"儒学复兴的北宋，士人则警省于唐时后妃、公主等在政治与社会中的显见与作用。故此，杨贵妃被欧阳修等贴上了'女祸'的标签，虢国夫人即被描述成了重要帮

---

[1]【美】海登·怀特：《后现代历史叙事学》，陈永国、张万娟译，中国社会科学出版社，2003年，第292页。

凶；到了元明清时期，虽然还是儒家主导的意识形态，士人对虢国夫人的书写态度却有了很大转变，他们"不再仅执着于虢国夫人的祸国与误国，转而将她的另一面——素颜美提炼出来"：在清人洪昇的《长生殿》中，虢国夫人成为引发李杨爱情冲突的重要人物；在明末清初褚人获的《隋唐演义》中，虢国夫人与安禄山、杨国忠等人的多层关系被编撰成好听的故事和好看的剧目。"这一时期的虢国夫人，虽依然在女祸论的检视之下，但在很大程度上，她已一变而成为审美、爱情、戏剧冲突中的主题人物。"（30—31页）历代士人对女祸论的轻重研判，可见儒家道德意识的宽严和不同时代文人的精神生活，这将隐身幕后的"意识形态"推向真假难辨的议事前台。问题因此接踵而至：既然所有的历史文本无不铭刻着意识形态的印记，那么，意识形态本身抑或就是"历史之在"的天然要素呢？

答案是肯定的：越是深入历史深层，越是在历史书写中强调"人"的主体地位，意识形态这一特征就会越发强势地显现出来。随着整个人类社会进程由远及近，由上古先人走进高科技含量的现代社会，各类文本文献中的意识形态不是渐趋消弭，而是越发明显、普遍和壮大……终有一天，它突破历史地表，从幕后走上前台，当仁不让地成为改变历史走向和主宰历史叙事的操刀手，让众多史家在积流成海、其势汹汹、难以超度的"意识"面前止步不前。

关于意识形态和历史乃至史学的关系，早有话想说，不期走到虢国夫人名下，是因为李志生对历史文本的处理有意无意间开启了一条可能见光的通道。经由她的广泛搜寻、历时分类、具体分析，我们可以清楚地看到：关于虢国夫人的历史记录和对她本人的评价，历时数百年，所有相关文本无不浸染在执笔人身处的时代和主流社会主导的意识形态中。显而易见，意识形态是作为历史的参与者（而非多余的事项）存身在历史之中，隐身嵌入历史叙事——既然如此，与其在真假问题上踯躅徘徊，不如**直面意识形态"在史册中"这一客观事实**，让抽象的概念下沉，接地气，入时序，认真析出意识形态自身的历史面貌。

意识形态的历史与意识形态史学不是一回事，在学理上是两个不同的范畴，学术走向完全相反：前者必须去政治化，让意识形态确实成为可能被研究的客体；后者的基本品质就是政治性的，相应的意识形态是阐释文本的精神指南。探究意识形态的历史，面对史料会有全新的使命：在起点上为意识形态去政治化，让它以"中性"品相进入史家的视野——惟此，它的三个基本属性才可能在具体的文本分析中各显神通：（一）**历史性**，有史以来，它与"历史"同在；（二）**地域性**，所有的意识形态都有自己的边界，只在族属（政权／主流文化／精英阶层）管辖统治的范围内是有效力的；（三）**实效性**，其历史寿命通常是"长时段"的，与（某一地域族群）文明的盛衰周期密切相关——从属而至的。他有两个重要特点：

其一，正因为意识形态是历史性地存在于人类社会之中，与地缘政治格局密切关联，因此，它在世界版图中既是相对稳固的，也是可变的。如中国数千年文明史中，每个长时段（古代、近代、当代）都有主导性的意识形态统领社会人心，每次改朝换代也会有相应的观念调整：变的是枝叶，是附在主干上的"意识"；不变的是"形态"，即主流社会的价值导向变或不变。女性都是在场的：女性的生存状态以及两性关系，既是社会稳定的基石，也是人世间的道德标杆。如虢国夫人，在李志生的文本分析中，其变清晰可见：唐末与政治盛衰联姻，宋代被理学严苛批判……到了明清时期，隔岸观祸，与权力和道德的纠缠少了，娱乐空间应时开拓，这一趋势成为（某）意识形态走向末路的历史常态。尤其今天，当娱乐已然成为大众消费的廉价市场，历史人物的发掘或重述直接迎合的是市场需求。它有两个特点首先被商家看中推广：一是知名度，便于传播传销；二是去神圣化，走下神坛的同时也是娱乐化的开始。可见，为历史人物（事件）去政治化和去意识形态化，远不只是学术研究自身的需要，更有市场经济推波助澜，大众在欢快的消费中成为史学变革的共谋。

其二，意识形态属于思想领域，在精神上可以统领世间万物，存在方式却是依附性的，其历史的载体主要是文字，依次为：选择性的记录（如《史记》）、历史评价（如唐虢国夫人）、政治批判（如女性主义史学）、分析解构（如后现代史学）、重释重述（如新文化史），周而复始，是轮回性的。如果认同"一切历史都是当代史"【克罗齐】、"一切历史都是思想史"【科林伍德】，那也可以认为，**一切历史都是意识形态的历史**。因此，面对史料，史家不能简单地信以为真，必须对藏身其中的意识形态成分做必要的分析和解构。就像处理一艘远航的船舶，要想看到船的真实模样（本事），首先要清除那些附着在船体上的杂质；越是航程久远的船，就越是需要细致操作，用足够的耐心和专业技巧递进剥离。如虢国夫人的文本，其中不乏"明显的张冠李戴、虚构情节"之伪，剔除伪装的同时，李志生关注的重点是"虢国夫人的历史是如何'层累地造成的'"（36页）。面对层层累积，她的工作是层层剥离，至少有两件事要做：一是剥离主流社会主导的意识形态因素，作者在文本的历时分类中做成了这件事；二是析出文本书写者的立场和主观意向，这是第二章后半段的工作。接着，李志生给出了一个崭新的个案：作为《唐虢国夫人：文本与日常生活》的作者，她本人已然走进了历史书写（再造）的队列，在解析虢国夫人的说辞中加入了个人的立场和认识。走到这里，书写的性质发生了重大变化，意识形态因素不再全然是历史性的，更是当下的。面对新文本的公然僭越，读者和当世的历史工作者不得不接手一个全新的使命：剥离。

继续剥离，这是我的读后感理当完成的任务。

《虢国夫人游春图》，现藏于辽宁省博物馆

书中第三章，李志生在"自我感受"和"能动性"名下，将虢国夫人作为主体性的女人带进现代世界，让"长久以来被'封装'在男性知识和权力精英的各种叙事文本"[1]中的故人面貌一新，有两点格外耀眼。

一是行为张扬，跨越性别藩篱任自炫耀：

> 虢国夫人……并不低调，更不受男女有别、女居于内的儒家礼教的束缚，所以她"每入谒，（与国忠）并驱道中，从监、侍姆百余骑，炬密如昼，靓妆盈里，不施帷障"。唐代礼教要求"妇人出必有障幕以自蔽"，她们的身体和面部

---

2 【美】高彦颐：《缠足："金莲崇拜"盛极而衰的演变》，苗延威译，江苏人民出版社，2009年，"译者的话"第3页。

是不能为外人窥见的。所以，虢国夫人……除有冲破"男女有别"的豪情外，更有着"让别人看"的强大心理驱动。（39—40页）

二是心理活动："那种没落士族人家姿貌甚好但自感不得志的女子，有太多的抱憾与欲望，急于去填补与满足。"（42页）缺少父家夫家的支撑，欲壑难填，只有倚仗自己去争取或攫得，于此，作者的辩词过甚有加："她的风流放荡、蛮横霸道、奢侈骄纵等，都是她使自己暂时逃离男权社会的彰示。"（44页）

在逃离时，她的"无所顾忌"多少带上了雄性化战争文化的英勇特质，它是赤裸裸、缺乏羞耻感的，而母性的英勇则不同，它总是有所顾忌，一向尊重尺度和界限。所以，虢国夫人的所为，终究是不会为男性社会所接受的，指斥她为安史之乱的祸因，也正是这一逻辑的必然结果。（44页）

恰恰在这些言辞中，我们看到了意识形态的身影：不再隐匿幕后，俨然成为一副亲临前台参与表演的面具——这样典型的现代面具，直接戴在历史人物脸上是否合适？由此引发出两个相关联的重要问题，正好卡在当下中国史学研究难以回避的理论命脉上。

第一个问题，因为虢国夫人是女性，相关理论首先是女性主义。显而易见，李志生接受了女性主义的立场和价值导向，但她并不打算跟在其后亦步亦趋，而是转用了一个新概念"近女性"。这个概念出自中国年轻学人王虹的专著，严格地说，它并不是一个界定清晰的学术概念，而是一种个性化的理念表述，说到底，不过是以德勒兹为代表的解构主义的分蘖，附着在诸多互不相关的现代/后现代理论的躯干上，连自圆其说的基盘都尚未生成——纳闷，分明有众多成熟的女性主义论说，为什么会走到这里？我曾问过李志生，她的回答不出所料："为了与西方女权主义保持距离。"只因为王虹全书开篇第一句话声称"'近女性'是一个非女性主义的'女性'理论"[1]，并且多次强调"它根本不是一个概念，而更像是解构女性主义一个近乎艺术化的装置"[2]，李志生便选择了这个装置，[3]借助德勒兹的"游牧"精神，一步跳过现代（主义）跨进了后现代的阵营——走到这里，她"邂逅"的就不单纯是一个女性主义，而是今天中国所有历史学者置身其中的学术境况，即必须面对的第二个问题：当华夏古学遭遇现代西学和后现代新史学，史家该如何应对？如何自处？

李志生的处境很有代表性。站在传统旧学的台基上迎候八方来风，她是有取舍的：取的是新文化史观的理念和叙事方法，舍弃的恰恰是她受之恩惠的女性主义史学方向。书中多次提到新史学理论和女性主义倡导的性别观念（第二章第一节和第三章），前者强调文本解析的重要性，意在析出男性主导的意识形态因素：

> 如在虢国夫人的问题上，我们就特别需要关注"资料提供者"的儒家性别导向。内外有别与"三从"是儒家性别理论的两大支柱。在内外有别的含义中，牝鸡无晨、美女误国的思想又占有重要地位。而这些都与对虢国夫人的认识与评价直接相关。（29—30页）

---

[1] 王虹坦言："'近女性'的理论是建立在法国哲学家吉尔·德勒兹（Gilles Deleuze）所说的'无组织躯体'/'无器官身体'（Body without organs）和'生成女人'（Becoming-woman）概念基础上的。"王虹：《"近女性"与"流"的艺术哲学实践》，民族出版社，2012年，第2页。

[2] 《"近女性"与"流"的艺术哲学实践》，引言第2页。

[3] 李志生认同王虹的观点：女性有一体性（oneness）的倾向，即女性从来就没有将自己和他人及环境绝对地分开来看，她们感觉自己不是和它们/他们生活在一起，而是他们/它们的一个部分。女性认为："我不解决问题，我和问题生活在一起。"她们的无意识更倾向于同万事万物的"融合"，而不是"分离"，她们不将自己与其他人和物对立起来，而是认为自己就是在这一切之中存在着的。《唐虢国夫人：文本与日常生活》，第43页；引自王虹：《"近女性"与"流"的艺术哲学实践》，第191页。

后者试图呈现现代视野中的虢国夫人，有一段话耐人寻味：

> 社会性别理论强调关注妇女的主体性（subjectivity）、能动性（agency），侧重她们的自我感受（self-perception），这在虢国夫人的研究课题中，同样是一个需要更多揭示的重点……她的所作所为，其实是有诸多的自我背景与自我导向的，其中明显蕴藏着她的主体性与能动性。（38页）

这里引用的分明是女性主义的核心概念，却偏偏没有出现"主义"这个字眼。作者本人也是在女性主义的光照下觉悟了现代性别意识的，却在文本分析中决绝地与之保持距离。这种距离感似乎是本能的，并不是因为新旧时代或东西方之间存在差距，而是出自坚守史学根性的历史学家们不约而同的选择：有意回避强光的照耀，拒绝与意识形态史学同流合污。

毋庸讳言，女性主义是一个意识形态术语，女性主义史学就是一种意识形态史学。意识形态史学的基本特点是排他性，只在一束光照下长驱直入。其优势，在它的纯粹和单一，简单易行，普及面广泛，极具战斗力。借助它的批判力，可以穿透层层历史屏障，直击症结之要害。女性主义史学的主要方法就是批判，针对父权制难以撼动的社会根基，秋风落叶，横扫史册，迅速拉开了长久被遮蔽的女性世界的帷幕，为我们客观地认识人类社会存在已久的"性别制度"开辟通道。其问题，就在于它的意识形态品质，同男性中心的历史观一样，单一的性别立场必然导致客观判断的错位，在起点上就可能偏离"真相"：一缕过强的光束难免会遮蔽其他色彩，致使"本事"失真失色。一元化的认识论不仅窒息了自由的人类精神，也极大地制约着原本是活生生的人间生活。生活的常识告诉我们：人世间的两性关系在社会结构上是互补的，并非单方面的剥夺和压迫。做历史研究，任何时候都不能置常识于不顾，先验地置身于（单一）理论的羽翼之下。具体到妇女史的开拓和精进，最需要的不是"主义"，而是可信且可以传承的史料。只有通过史料进入历代在地的女性生活场景，我们才会发现，真正左右历史进程的不是哪一个帝王将相，也不是虚拟化的人民群众，而是相似的人性和身处社会关系中的无数个不尽相同的人生。比如虢国夫人，在李志生的文本梳理中，我们看到的不是"个人"，而是层层盘结的"关系"。虢国夫人身上附着的"尘埃"不是一次落定的，而是多次叠加合成的结果。意识形态的时代印记与书写者的个人观点纠缠一处，该如何处理才好？李志生的做法值得效仿。在"文本的衍进"（第四章、第五章）名下，她将两种品性不同的分析路径合二为一：每每开章，介绍时代的意识形态概貌；章落结尾，适时归纳出若干特点。俯瞰有大势，落地见个性，在纷呈各异的文本中梳理出清晰的脉络，泾渭分明，丰富多彩。

有趣的是，书中（搜寻、分期、解析）三部曲在三个步骤的演进中逐一到位，结果却不善：我们看到的不是真相，而是对"真"的质疑。显然，研究走到这一步，不能止步，三加一，第四步是我追加的：我看它是通向"真"的最后一搏：剥离，从意识形态浸染的文本中剥离出"本事"——这第四步，该是史学批评暨书评人的责任；除此，还有另一种选择：作者自检。如微观史名家卡洛·金茨堡在《奶酪与蛆虫》新版前言中所做的，对自己的主观偏好自查自检："与我的成长环境紧密相连的民粹主义，和我作为一名历史学家所做出的选择，两者之间存在许多联系，这些驱动力让我犯下了一些错误，有时候还会过甚其词。"[1] 由此可见，"一切历史都是当代史"只说出了部分事实，"一切历史都是思想史"似乎更能击中要害，因为它道出的不只是历史的时代性和实用价值，更是触到了历史的本质：思想——思想与意识形态，两者不可等约。思想是个体的精神活动，未必付诸行动；意识形态则是一系列社会行为制造的集体意志，与权力运作和集团利益互为表里。思想，可以去政治化，是开放的和多元的；意识形态不同，它本身就是政治工具，不仅有明确的立场和目标，而且有一整套话语体系结构生成的价值判断，是排他的。现代社会里，女性主义日渐占据了跨疆域的宗教领地，在集群化的基础上与信仰结盟，服从并服务于（某个）社会阶层或群体的现实利益。因此，在处理史料的时候，仅仅完成文本分析还远远不够，自觉地去除"尘埃"将成为史家修史必需的功课。在这个方向上，新史学功不可没。在新史观的引领下，以女性个体为主角的史学专著近年火热，有四部引人瞩目：《王氏之死：大历史背后的小人物命运》（史景迁著）、《公主之死：你所不知道的中国法律史》（李贞德著）、《漫长的余生：一个北魏宫女和她的时代》（罗新著）和李志生的《唐虢国夫人：文本与日常生活》。史家不拘性别，不计国别和民族身份，将女性当作新史学开疆拓土的突破口，不由人不好奇：为什么他（她）们会不约而同地汇聚在"女性"名下？

依照新史学的政治理念，女性在父权制社会中没有主体地位，"讲述"就是解放；依照新社会史观，历代女性的生存空间集中在日常生活领域，"拓展"就是创新；依照新文化史观，边缘化的女性身份轻而易举就突破了"阶层/等级/民族"之间难以逾越的鸿

---

1 【意】卡洛·金茨堡：《奶酪与蛆虫：一个16世纪磨坊主的宇宙》，鲁伊译，广西师范大学出版社，2021年，前言第8页。

沟，为多元化的场域提供了多视角的阐释空间；依照女性主义史学理论，女人浮出历史地表，既是对传统史学的挑战，更是完善人类自我认识的必经之途。整个父权制的历史长河中，女性的社会地位不高。但是，在新史学视界中，妇女史的研究价值蓦然彰显，收获是双向的：突出（普通）"人"的主体身份，无意中凸显了女性在历史研究中的重要地位。去除意识形态沉积的层层尘埃，历史中的"本事"显露出来，在女性身上别有风景。本事，即事物原本的样子，诸多事项中，"两种"和"两极"引人注目。

所谓"两种"，一种是对历代性别制度的深层解构，一种是物质生活和生产水平的即时呈现。以《唐虢国夫人：文本与日常生活》为例，前者体现在"关系"中，贯穿全书（如：上唐令规定，在"从夫"或"从子"的前提下，相关妇女可受封为国夫人至乡君的不同等级外命妇封号；而不依夫、子受封者，则在外命妇封号前加"某品"。17页），需得专门研究逐一析出。后者即日常生活，是全书下编讨论的主题，特别值得一提的是作者为"交往"设立专章。在"交往"中，我们看到的不只是持续拓展的人际关系，还有各色人等进行交往的场合、交通工具和阶层差距。

毫无疑问，虢国夫人的交往和她的生活与寻常人们的"日常"有很大距离，与其说它反映的是日常生活，不如说它展示的是一个时代一个社会可能企及的物质生活水平，从中可见女性"身体"的负载能力（许多民族用锻造的金银首饰装饰女性）究竟在以怎样的方式承载起了人们追求"美好生活"的欲望和愿景。

所谓"两极"，指的是女性的生存品质。王氏（《王氏之死：大历史背后的小人物命运》）和王钟儿（《漫长的余生：一个北魏宫女和她的时代》）的故事触到了底层女性求生的底线；而在陈留公主（《公主之死：你所不知道的中国法律史》）和虢国夫人的生活场景中，我们看到了一个时代追求物质欲望的极致，从数量到质量，在奢靡华贵的财富中窥见到主流社会的审美观念和手工制作精美绝伦的技艺水平（虢国夫人衣食住行所显现的远不止在日常生活这一层面，"它更多渗入到了等级、技术、工艺等人类精神生产领域或人类知识领域……其衣服的蹙金绣、障泥的组绣、犀头箸的平脱技术等，则代表了唐时工艺技术发展的高超水平。"第257页）。于此种种，本书最后两章有充分的描述和展示，细腻，饱满，无微不至，在"本事"面前显露出考据派的真本事，没有给思辨留出太多的议事空间。

《杨贵妃上马图》，美国弗利尔美术馆

史料：新时期中国妇女史研究的起步基石
——读高世瑜《唐代妇女》（三个版本）[1]

做妇女史以及妇女史研究，在中国是有传统的。

放下历时2000多年的《列女传》不说，近代以来有两类著述云集面世：一是传统规范下的文献汇编，如王初桐编撰巨作《奁史》（清嘉庆二年刊本），试图将历代文献中有关女性的信息一网打尽，不忌琐细，分门别类，面面俱到，被看作"古代妇女生活的百科全书"[2]；一是在五四启蒙思潮的影响下编修全史，以陈东原《中国妇女生活史》（1928年）为代表，按朝代排序，将现代情愫注入古旧文本，对"女卑"批判的同时全方位地（从男性立场、道德高度到俯就心态）为"男尊"佐证。21世纪伊始，在西学冲击，特别是女性主义史学一家独大的氛围中，高世瑜就本土化问题不断有文章和谈话，2021年又作专文《中国妇女史研究百年回眸》，在众多文稿中厘清了不同时期妇女史研究的不同性质：20世纪上半叶"妇女史初兴主要是源于社会变革，而并非史学革新"；从新

---

[1] 高世瑜所著的该书三个版本分别是：《唐代妇女》，三秦出版社1988年版；《唐代妇女》，三秦出版社2011年版；《唐代妇女生活》，中国工人出版社2022年版。为方便查阅，本文引文的页码均出自三秦出版社2011年版。

[2] 臧健：《奁史——古代妇女生活的百科全书》，载《中国典籍与文化》1994年第3期，第81—84页。

史学的角度看,"妇女史研究的重新兴起应该是在20世纪80年代后期"[1],即所谓"新时期"。

谈论当代中国妇女史研究的缘起和基本特征,有必要强调它的本土品质和在地化的本土特征:它不是后现代西学的附生物,不能简单地归属在女性主义史学队列里。它的出现先于第四届世界妇女大会(1995,北京)十年有余,根本谈不上是"社会性别(gender)进入中国后的产物"。就原初动因而言,我完全认同高世瑜的判断:当代中国妇女史研究"崛起于20世纪80年代,与新时期的改革开放与学术繁荣密切相关"[2];确切地说,它是新时期启蒙思潮与根系庞大的中国古史革新结盟而生的联袂产物,在"新/旧"交集点上藉"妇女"出手,让**"创新"和"传统"两厢双赢**(而非两败俱伤)——我看这是中国新史学发展的一个基本特征——于此,高世瑜的《唐代妇女》(1988年)不仅是新时期中国妇女史研究的代表作,也是当代中国史学革新一个有说服力的证明。

新时期启蒙思潮中,"妇女研究运动"【林春】应运而生。这不同于史上男性为列女作传,也不同于清末民初男性主导的妇女思想革命:

> 中国妇女史上,这是女人第一次……自己发起、自己成立组织、自我意识全面觉醒的一个新起点。1980年代新启蒙运动中,女性不仅没有缺席,而且独立发出了自己的声音,在中国历史上是一个创举。[3]

在这个由女人主导的"妇女研究运动"中,高世瑜走在前沿,

---

[1] 高世瑜:《中国妇女史研究百年回眸》,载《山西师大学报》(社会科学版)2020年第4期。

[2] 高世瑜:《中国妇女史研究百年回眸》。

[3] 2012年4月24日李小江回答德国《时代周报》(Die Zeit Weekly)Angela Koeckritz女士的书面采访。

身体力行，以觉醒的"女性主体意识"自觉地担起了重建妇女史的重任。说重建，实则是在传统史学的领地中拾荒补遗，因为"她们实在是不应该被遗忘的……她们应该在历史上占有她们自己的位置，她们更应该有她们自己的历史"（引言1页）。在她笔下，"她们自己的历史"不是孤立自在的，须臾不曾偏离中华民族主流进程的轨道。她本人的论学风格也更像是旧学的接续，沿袭古史研究的传统路径，在史料汇集、甄别、编撰上狠下功夫。不同的是叙事：主体换了，是妇女；主笔也不同以往，是女性；所谓历史叙事，是在传统史学的根基——史料——上讲述新故事。旧时熟识的或尘封已久的史料，在高世瑜笔下再次成为中国妇女史研究的踏脚基石。

女史高世瑜，就学于南开大学历史系，曾在《历史研究》任职。我们相识在20世纪80年代中期，结缘于同一个方向上共同的旨趣。20世纪90年代"gender"（社会性别）长驱直入大陆学界，话语僭越长达20多年。未经辨析的概念在青年学子的文章中铺天盖地，一时遮蔽了人间生活中在地的真问题，史界也不例外。潮起潮落中，看尽墙头草的各种窘态，乐见她如大树般笃定，从来不曾动摇过以"史料为本"【高世瑜】直面历史的自律精神和守根固本的学术自信。《唐代妇女》面世30年后的一次会议上，面对众多同仁后学她坦言：

> 多年以来，在学习见识了国内外各种各样的理论方法之后，最终感到还是应该首先回归史料。归根结底，**史料是一切研究的根基**，不仅为实证研究之本，理论研究也需建基于其上……妇女史由于正统史载的缺略，更需要重视史料，首先要"上穷碧落下黄泉，动手动脚找东西"。[1]

---

[1] 2017年12月9日高世瑜在上海师范大学"妇女/性别史研究的理论方法与实践学术研讨会"上的发言。

对史家而言,"找东西"并不困难,心到腿到眼到手到就好;难的是对史料的阐释,即高世瑜所说"叙述历史事实,还原一幅尽量接近历史面相的画卷"。面对史料,她主张搁置理论,强调"唯有**事实的总汇**才具有永久的价值";"至于从中探索某些规律、特点之类",理应在叙事之后:

> 妇女史作为一个人数最多而又隐身于边缘、未经开发的社会群体史,更应该将叙事作为首先和终极的追求。**叙事自然要以史料为本,这就更凸显了史料的重要性**。[1]

这两段话非常重要,既是高世瑜写作《唐代妇女》的初心,也是她对中国妇女史研究跨世纪进程的一个小结。30多年里,初本再版两次,从《唐代妇女》到《唐代妇女生活》,书名变,根性不变,使用的依旧是那些史料,展示的依然是原初的故事。所谓新学理论,书中未有任何引述,只见三缕光束影影绰绰:一是引言中的"男尊女卑",沿袭了五四时期的经典概说;二是借用"女性的具有世界历史意义的失败"【恩格斯】[2],与马克思主义妇女解放理论遥相呼应;三是认同"第二性"【西蒙娜·德·波伏瓦】的性别定位,与西方女性主义比肩同行——三者均出现在开篇综述部分,此后与主体叙事不再发生具体的关系。全书没有任何篇章纠缠于抽象的理论和概念,惟见史料层出不穷,在"唐代妇女"名下"叙述历史事实"【高世瑜】。

高世瑜笔下的"历史事实"究竟是什么?

——是唐代妇女群像和全景式的妇女生活。

---

[1] 2017年12月9日高世瑜在上海师范大学"妇女/性别史研究的理论方法与实践学术研讨会"上的发言。
[2]《家庭、私有制和国家的起源》,中共中央马克思列宁斯大林著作编译局编:《马克思恩格斯选集》第4卷,人民出版社,1972年,第3页。

唐代出了史上唯一的女皇帝，那是个什么时代？什么社会？

——那是中国的中古时代，就人类学看，属于父权制社会。父权制社会中男尊女卑，怎么可能出现女皇帝武则天？《唐代妇女》就从武则天切入叙事，却没有将这个"奇迹"看作特例，而是把她置放在历史长河的大背景中，看她是"中国古代妇女中幸运的一群"中之一员：

> 与其他时代尤其是其后传统社会末世的妇女相比，她们的社会地位不那么卑贱，与男性的性别等差要小一些；她们所受的礼教束缚与压迫不那么严苛，还有着较多的自由。……《古今图书集成》所列"闺节"、"闺烈"两部中收入的烈女节妇，皇皇唐世不过51人，宋代增至267人，而明代竟达近36000余人。（3页）

为什么唐代能给女人提供这种幸运？

高世瑜列举出两个主要原因：一是"大唐帝国正值辉煌的中国古代盛世，维系男尊女卑社会的传统礼教还远没有发展到后来那么严酷的地步"（3页）。二则时代风气开放，多民族汇聚，胡汉文化交融，"少数民族尤其是西北游牧民族的文化习俗影响十分强烈，渗透到了社会生活各个领域，有力地冲击了中原华夏民族原有的礼教观念"（4页）。一言蔽之，是"唐代的社会风气和妇女地位创造了女皇，而女皇又推动和助长了一代风气"（8页）。

可惜好景不长，唐代妇女的幸运并不长久。即使武则天当朝，政权名称变了，文字跟着变了，却丝毫未能撼动父权制的社会根基。儒家礼教的一时松懈不仅没有改变男尊女卑的主流价值判断，反倒成为后世全面强化父权体制的天然契机。尽管唐女"业绩卓著又独具特色"（引言2页），但无论阶层高低贵贱，一如古时历代妇女，她们的人身和人生都在父权制的笼罩下，没有人可以超脱。高世瑜在首章中分析了女皇帝"横空出世"的时代背景和个体特征：武则天出现在男性主导的父权体制中是一个"奇迹"，却并非全然异类，恰恰是她在皇室内部固守沿袭的父权制中得天独厚。从唐太宗的妃妾变身为高宗的皇后，进而代行朝政参决政事，她侍奉过两代帝王，近水楼台，对权力中枢的父权规制驾轻就熟，以帝后身份攀附在天子的权杖上如鱼得水。耐人寻味的是，分明是在父权制的大背景中书写妇女的历史，书中却始终没有出现"父权制"这个字样——为什么？我曾询问作者本人，她的回答很诚恳，披露了新时期早年的学术环境："当初根本没有什么性别意识或视角，也**不懂**女性主义之类理论，只是作为一个社会群体去描述。"回顾来路，暗中求索，该庆幸的是恰恰是这个"不懂"：单纯地**出自史家的自觉，本能地与"主义"隔离开来，为史料铺陈提供了自在自律的阐释平台**。正是因了这个"不懂"，高世瑜的研究从起步阶段就避开了（西方）理论先行可能造成的误区，在史料的引导下径自进入历史叙事。因此，"父权制"在她这里不是一个概念，也不是问题，而是历史陈述的客观背景。就像当年开放的社会环境中唐代妇女成为"中国古代妇女中幸运的一群"，新时期开放的学术环境中高世瑜也是幸运的一员：只需**秉承史家据史料而作为的传统规范，将历史叙事整体性地掷还到历史人类学的认知框架中**，自然而然，轻而易举，她就能在"唐代妇女"名下还原（那个时代）"父权制"原本隶属的人类学品质。

父权制（Patriarchy）出自人类学，字面上的意思是"父亲的统治"，由希腊语 π α τ ρ（patriarkhes，一个种族的父亲或首领；引申而来。19 世纪中叶,瑞士法学家巴霍芬的《母权论》（1861 年）面世,引出了美国人类学家摩尔根的"父权制"一说（《古代社会》,

1877年)。恩格斯在整理马克思《人类学笔记》的基础上沿用了摩尔根的研究成果,在《家庭、私有制和国家的起源》(1884年)中将父权制看作"女性的具有世界历史意义的失败"之根源。20世纪中期,在具有世界影响力的女性主义名著《第二性》(1949年)中,波伏瓦长篇累牍地讲述并肯定了恩格斯这一论断,将"父权制"挂牢在两个"主义"(女性主义和马克思主义)的双驾马车上,看它是解放妇女的认知工具,也是女权主义批判的终极目标。由此,"父权制"这个概念成为一种意识形态,在现代话语世界中名声扫地。

毋庸置疑,今天乃至今后很长时间里,但凡做妇女研究,不能回避父权制问题。尤其做妇女史研究,"父权制"是一个已成共识的核心概念:在马克思主义妇女理论中,它与私有制、资本主义、剥削和压迫……具有同质性;在女性主义理论中,它是妇女之为"第二性"的历史根源,非彻底铲除否则女人不得翻身。百余年来,从学术领域到公众社会,父权制日渐脱离了它在人类学意义上的客观品质,成为"人人喊打"的众矢之的。在政治上看,对父权制的批判是"政治正确"(PC)的一个基本原则,半个多世纪独领风骚屡试不衰。但是,学界有自己的准则:研习妇女史,就必须回归学术研究的客观性原则,为一切意识形态概念去政治化,将父权制看作文明史中妇女之在的历史背景——惟此,才有可能避免理论和概念对历史真相的僭越,让世间**"本事"**在历史版图上从容自在地呈现出来。

父权制的"本事"是什么?

就是性别制度。

父权制是人类文明史上"男性在经济及社会关系上占支配地

位"的性别制度的统称[1]。诸多人类学家在实地考察的基础上确认了它的两个基本规定：首先是它的**族属品质**，一是以家庭/家族（而非任何个体）公认的（父系）家长为前提的世袭制度；二是它的**性别取向**，一定是以可传承的男性血脉或姓氏为合法的权威（而非单纯的权力或权利）代表。两性关系以及男女两性的生存状态，既是性别制度行之有效的制约领地，也是检测制度良莠的标尺。有史以来，因为女性群体在文明史册中整体性缺席，史学领域对性别制度的观测和研讨也是长久缺席的，有意无意间掏空了"父权制"的历史内涵——妇女史的开拓因此重要，它开启了认识性别制度的窗口（常常是唯一的），成为完善人类自我认识的必要手段。在兹念兹，念念不忘：做历史研究，不同于哲学思辨，只有让悬置的概念下凡，才有可能看见真实的人间景象。进而推之，只有将（一时一地的）"父权制"掷还到它源出的人类学背景中，其本事即（此时此地的）性别制度才能在实事求是的"历史叙事"中自然而然地呈现出来——由此看高世瑜的作为：不同类别的史料从不同方向汇聚在"妇女"名下，唐代性别制度在精心编排的细节陈述中逐一显露出来。

《唐代妇女》的编目以人群和活动分类排序，章节如下[2]：

第一章　唐代妇女社会面貌概说——一个非凡女性引起的思考

第二章　妇女阶层与群体

---

[1] 参阅马克思晚年阅读【俄】马·科瓦列夫斯基的《公社土地占有制，其解体的原因、进程和结果》，中国社会科学出版社，1993年，一书所做笔记"科瓦列夫斯基笔记"。

[2]《唐代妇女》三个版本的内容无大改动，章节标题却不尽相同。以下目录引自《唐代妇女生活》（中国工人出版社2022年版），该版本无章节序号，为方便阅读章节序号参照初稿进行添加。

第一节 宫廷妇女

第二节 皇族妇女（公主附郡、县主）

第三节 贵族、宦门妇女

第四节 平民妇女

第五节 娼妓、优伶

第六节 姬妾、家妓

第七节 奴婢

第八节 宗教职业妇女

第三章 妇女生活与习俗

第一节 婚姻、情爱与性

第二节 家庭生活与伦理

第三节 生育观念与风俗

第四节 岁时礼俗与娱乐活动

第五节 服饰与妆饰

第四章 妇女教育与女教著述

第一节 女教"圣人"与著述

第二节 教育形式与内容

第五章 妇女社会活动

第一节 政治活动

第二节 社交与结社

第三节 宗教信仰与活动

第六章 妇女才华与业绩

第一节 妇女与文学

第二节 妇女与艺术

第三节 妇女与科技

第七章　唐人的女性观
　　第一节　两重女性观
　　第二节　道德观与道德楷模
　　第三节　审美观

附录　风流女冠鱼玄机传

　　这个框架后来被《中国妇女通史》借鉴，成为新时期中国妇女史研究的一个范本。从目次安排看，人群分类大同小异，女性生活、习俗和活动空间一如旧时的世世代代，多半囿于婚姻家庭，时代特征并不明显。但是，深入内里，风景纷呈，活生生的世间生活在分门别类的陈述中别开洞天——无一例外，开启每扇门户的钥匙，就是性别制度。

　　比如第二章《妇女阶层和群体》即唐代妇女的集体群像，展现的并不是一个整体形象，而是被繁琐的性别制度强行割裂的等级社会。自上而下，各种制度在各章节的名目中置于前列：宫闱制度、内职制度、供给与宫禁……册封与门第、封爵与食封制度……外命妇制度、封赠制度、朝会制度……官妓制度、妾媵制度……越是上层的，性别制度的规范越是周到，森严，事无巨细，难以逾越。

　　又如第四章《妇女生活与习惯》中《婚姻》一节，男女有别，从结婚年龄[唐初贞观元年（627年），由于隋末战乱、户口锐减，唐太宗下诏劝勉庶人男女及时婚聘："男年二十、女年十五以上……并须申以婚媾，令其好合"，并以"婚姻及时""户口增多"作为考核地方官吏的标准。至开元二十二年（734年），唐玄宗又下敕令："男年十五、女年十三以上，听婚嫁。"179页]到主婚权（唐律规定："诸嫁娶违律，祖父母、父母主婚者，独坐主婚……事由男女，男女为首，主婚为从。""妇人夫丧服除，誓心守志，唯祖父母、父母得夺而嫁之。"181页）再到离婚（对于不经法律，一方擅自离去者，唐律也有制裁条款，但只是针对女方："妻妾擅去者，徒二年；因而改嫁者，加二等。"反过来，对丈夫擅自离去并无惩罚律条。192页），均有法律细则暨婚姻制度严格规范。

制度法规无处不在，但书中并没有出现"性别制度"这个字样。这不奇怪，就像当年新中国成立后，人们普遍缺乏清醒的性别意识，至今我们对性别制度的认识也还是迷雾重重。性别制度源出悠远，自始至今一直混杂在各种体制的名目之中难以自我显现。其原因，不是基于个人意志或单一性别的人为操控，而是与妇女在文明史中社会身份的依附性直接相关。去除了女性主体地位的社会领域，在遮蔽"女人"的同时对基石般的性别制度可以视而不见；就像建筑楼房的奠基石，牢固就好，没有人在相安无事的岁月里有兴趣去窥探它的真实面貌。以《唐代妇女》为例，所谓性别制度，在书中并非呈现出体系状态让人一览无余，而是被分解在不同阶层不同领域女性生活的各个方面，如遍地散落的珠玑，非捡拾串连起来不能见其全貌——捡拾和串连，因此成为史学批评和史料阐释的责任，仿佛跑后场的后卫，为前锋的"临门一脚"主推助攻。

全书看下来，《唐代妇女》展示的性别制度极具本土特征，在古代中国是有代表性的：**从天下一统的意识形态到具体的制度规范，无不体现了（自秦汉以来）帝制王朝之高度集中的一元化品质。**其意识形态，即儒家主导的价值判断："统治集团与社会主流观念从未摒弃、背离过以儒家为主体的纲常礼教。唐代社会的女性观、道德观也与传统礼教并无歧异。"（311页）

朝廷在制定礼仪中重申:"天无二日,土无二王,国无二君,家无二尊",夫妇"尊卑法于天地,动静合乎阴阳";"女正位于内,男正位于外,男女正,天地之大义";"在家从父,出嫁从夫,夫死从子",妇女"无自专抗尊之法"等传统礼教原则……整个社会牢(牢)占据统治地位的主流观念也自然仍以纲常礼教为根本。(312页)

皇帝一统天下,首要的是**一元化帝制体系中的等级规制的制定**。作者从解释皇室的"宫闱制度"开始,用多个章节介绍皇家和宫廷内部的身份排序,在"封爵和食封制度"中明晰了与之相关的社会待遇和生活保障。从皇亲到官宦再到一般平民,家庭内部女性的等级关系亦非常明确:男子无论拥有多少媵妾,妻子的尊位和主管家事的权力从未动摇,旨在稳定内务秩序的基础上保证父系血统的子嗣传续。毋庸置疑,帝王天下,等级秩序的建立和维护是第一要事,上行下效,一直延伸到日常生活和人世间的男女俗事。

等级,是人类进入文明社会的踏脚石。父权制本身就是一种等级制度,致使男女两性的社会身份判然有别。父权体制中,女性成为"第二性"即"女从男"的行为准则,在中古时代已成定格,"君君,臣臣,父父,子子"(《论语·颜渊》)在两性关系上延伸,对性别制度的设立和完善起着决定性的引领作用。"三从"(女子"幼从父、嫁从夫、夫死从子")不仅是中古时期规范性别制度的主导性意识形态,也是社会生活中一道无形的铁律,从帝女公主到官家眷属直到平民阶层,概莫能外。"虽同属官宦人家,妇女们的生活状况随着等级、家境不同也有着云泥之别。"(46页)甚至身份低下的婢女,宫廷内外也有严格的等级之分。(86—98页)

耐人寻味的是，女性的等级身份即人身贵贱与父亲或丈夫的身世有关，却并不是一成不变的。如罪臣之妻女的命运，坎坷难测（贵族妇女富则富矣，贵则贵矣，然而她们的富贵、地位却大都是依靠作为男子附庸的身份而得；家中男子一旦失势，她们同样又会作为附属品而受到株连，甚至沦为连村妇贫女都不如的官奴婢。44页），但也并非决然暗无天日。历史文献里大量案例中可见，和平时期男人的身份地位具有鲜明的世袭色彩，唯科举即"学而优则仕"可能变通；女人的社会身份却未必与血缘相关，"女性·性"可以跨越制度藩篱自寻生路，通过婚嫁或生育改变自己的社会地位和生存环境。[1]

> 罪没入官的女子在宫廷妇女中为数不少。她们的身份是官婢……有因为各种机缘而得幸者，如上述高宗乳母卢氏后封一品燕国夫人；唐玄宗在罪没入官的衣冠子女中挑了五人赐太子，其中吴氏因生育贵子（代宗），被追尊为皇后；李锜婢郑氏为宪宗生子即宣宗，儿子登基后做了皇太后。（13—14页）

所谓"三从"，在她们的命运中不只是女从父、妻从夫那么简单，内里的政治含义意味深长。从人际关系到衣食住行，身份等级全面制约着每个人的行为方式和生存品质，却可能给女性人生留出多次选择的社会空间。命运多舛的落难女子（如《余生》中女主角王钟儿）更有可能有效地利用"从男"的性别制度（外命妇中因丈夫、儿子官高位显或倍受宠重而受封者占绝大多数，体现着母以子贵、妻以夫荣的原则。38页），在她们的生命轨迹中径自完成对社会等级

---

[1] 我在《新史学：螺蛳壳里"筑"道场——读罗新〈漫长的余生：一个北魏宫女和她的时代〉》一文中对此有专论。

的超越,将父权制中男性可能拥有的"权力·权利"操弄于鼓掌之中,如武则天,干脆做了皇帝,可谓其中的典型案例。

身份等级,通过立法或各地官家颁布的具体条例,体现在各阶层的性别规制中,在(上层)婚姻关系和(下层)劳役税制中交代得格外细致:上层的婚姻规制主要用于约束父系家庭的"门户",看重等级相当,以维系权力阶层的稳定运作。对底层社会则强调经济作为,对女性的劳作也有特别的规定:

> 唐代租庸调制度规定,农民除了向官府交纳租粟外,还要承担"调",即每年交纳绢2丈、绵3两或麻布2丈5尺、麻3斤;此外,每丁每年服役20天,不服役者可折合交纳绢3尺或麻布3尺7寸5分,称为"庸"。(47页)

这些纺织品("齐纨鲁缟")大都出自农妇织女们一梭一杼的终年辛劳(47—49页),官府的庸调,实则也是对女性家事劳作的一种认可,对提高女性的社会认可度是助力的。(除进贡朝廷、交纳调庸外,纺织也是妇女的重要谋生手段。如《太平广记》载,康州悦城县孀妇温媪以"绩布为业";兖州民妇贺氏被称为"贺织女",其夫不归家养亲,贺氏依靠"佣织"所得"佣值"奉养公婆。49页)"三从"以意识形态的方式引导女性全方位地服从父系家长主事的性别制度,但女性自身的身份并不全然因父家或夫家而定,其等级高低亦可自行作为,最终也能见于皇帝或官府的表彰(详见第五章:唐代朝廷及地方官府时有旌表或封赠忠、孝、贞、烈等妇女模范人物之举。这些被推崇、褒奖的道德楷模,可以说是最具体地展现了其时社会标榜的妇女道德),各地有牌坊为证,《列女传》和地方志也多有记载。

细览唐代各阶层的妇女生活和性别制度规范,不难看到父权制的三个基本特征,无忌地域和民族,小异大同——抑或,这些特征不仅是父权制的特有表现,也是世间一切性别制度的基本特点。

其一,意识形态特征:性别制度是人类社会有序绵续的必要手段,并非单方面的权力工具;它对男女两性的制约是双向的(通常是互为反向的)。中国历史上,"三从"作为男性主导的意识形态,初衷并不特指人格意义上的"服从",主要是明确女性的生存归属问题。在女人不能直接参加社会生产以获得有效报酬的大环境中,女性人身和人生对男性(家庭/家族)的从属和依附,首要之事是保证在父权家庭的荫庇下获得最起码的生存权(唐律规定官员如果奸污所管辖的贱民女子要受免官的处罚:"若奸监临内杂户、官户、部曲妻及婢者,免所居官。"沿袭"七出"中规定的"三不去"也是一例)。意识形态是社会行为的万能推手,"天不变,道亦不变"(董仲舒),在"深入人心"的同时可以深入到社会生活的各个领域。

其二,地缘特征:性别制度接受意识形态的统领和引导,却并不是意识形态本身的产物;它的根系牢牢地锁定在"人地关系"的历史脉络中,非人为意愿或强制性的立法能够改变。比如中、日、韩三国,即使都属于汉文化圈,即使历史上都曾经由儒家意识形态主导;古往今来,尽管其政治制度可以借鉴,其经济和文化可能交融,其性别制度却各行其是,始终不曾归同划一。[1] 较之其他社会制度,性别制度具有鲜明的"在地性",直接关乎种群/族群的生存和有序传承,不可随意套用。世界范围内,任何社会的性别制度都不是一蹴而就、一步到位的。不断修订和日臻完善的性别制度,是各民族在历史变迁中不断试错的结果(包括20世纪30年代以后的堕胎权问题、20世纪70年代生发的"性解放"乃至今天高科技支持的"冻卵"和代孕现象)。

---

[1] 我在《日本性别制度之由来与特点》一文中对差异性的地缘特征有详细阐述,载《清华大学学报》(哲学社会科学版)2022年第5期,第157—166、212页。

其三,"元"品质:(族群)存续是性别制度的初始目的和核心内容,也是终极目标,其"元"品质自始至今从未改变。现代以来,妇女全面进入社会领域,模糊了两性分工的传统模式。后现代社会里,借助意识形态革命(女权运动和妇女解放)和高科技手段,人工堕胎、无痛分娩以及各种非自然生育问题已经进入世间生活,性别制度在世界范围内发生了天翻地覆的变化,挑战的是人类存续的自然生态模式——走到这里,通过《唐代妇女》再看"父权制"的历史轨迹,很难简单地判定它的是非功过。从性别制度的"元"品质看,人类社会是否可持续,不只在"(个)人的自由而全面的发展",更有赖于整个人类依旧能够遵循自然规律健康而有序的繁衍。无论什么时代,性别制度的制订和规范是人类可持续生存的社会基石,也是人类世界可持续发展的有效平台。

有趣的是,尽管《唐代妇女》并没有涉及"父权制"或"性别制度"这样的概念,在叙事过程中却走出了同样的路径:开篇,自上而下逐一描述不同社会阶层中的女性群体及其生活场景,不厌其烦地罗列和阐释性别制度的细则;尾篇,笼而统之地交代"唐人的女性观",即主导性别制度建立和两性行事规范的意识形态。2011 年再版的最后一章名为"有关妇女的法制与观念",较之初版这是修改和补充最多的章节。首尾照应,将"制度"与"观念"捆绑一处,在历史逻辑的行进轨道上互为圆满——在圆满的叙事框架内,借助各类史料,我们看到了唐代妇女在"现实"生活中可能呈现的模样,在父权体制的历史还原中接近了那个"真实"的女性世界。比较西方女性主义视角,比较儒家正史中的记载,比较当代人的历史认知,高世瑜笔下的唐代妇女及其生活品质,自有特色和亮点;在我看,至少三点,格外出彩。

最耀眼的是她们的**求生能力**:或附着宫廷(宫廷女子之多为历

代之最。10页),(据《千唐志斋藏志》所藏 45 方宫人墓志,算出她们平均寿命为 61 岁,远高于当时人的平均寿命,从而得出宫人平均寿命较长的结论。[1]),或仰仗身世(如杨家三姐妹,"各级官员出入她们门下,逢迎贿赂,以求进达;她们出面请托之事,官府视如诏敕,为之奔走,惟恐不及"。43 页),或出卖性色(书中有两节专说娼妓、家妓,56—82 页),或凭借技能(如接生婆、奶妈。有的妇女以织造、制作衣物谋生,以针线女红维持生计的妇女更多。妇女也有从事医道者。除了朝廷在官婢中选取并教授"女医"专为后宫嫔妃等治病外,民间也有以医为业的妇女。52—53 页),或遁入空门(详见第二章第八、九节:女尼、女冠)……各展其能,生机勃勃。尤其是盛唐时期,商业繁荣,商人活跃,"商贾阶层的妇女成了引人注目的一群"(54—56 页)。在依附性的生存环境里,她们依靠自己身边极为有限的资源,在社会缝隙中坚韧地生活,生生不息,"她们的聪明才智也曾透过男尊女卑的厚雾在历史的天穹中放射出奇光异彩"(引言 1 页)。

其次是她们的**婚姻状态**:远不像今人想象的那样,并不是每个女人都能适龄出嫁,"夫唱妇随"在她们许多人只是一种可望不可即的理想。从《唐代妇女》展现的女性群体看,当时有不少女子是终生不婚不嫁的。一批有技能或拥有独立身份的女性(如艺伎、保姆、女巫)终生终日活在社会边缘,与"男耕女织"的理想范式完全不搭界。特别是婢女,从数目惊人的官婢到无处不在的私家婢女("唐代私家使用婢女极为普遍,即使是一般小户人家,也常有一二个婢女;至于豪门大户,使用侍婢动辄就有数百人之多。"89 页),队伍庞大,作者看她们是"劳动妇女的重要组成部分"(88—90 页)。她们要么不婚不育,要么婚嫁超出常轨,对后人"一概而论"的

---

[1] 宁志新、朱绍华:《从〈千唐志斋藏志〉看唐代宫人的命运》,载《中国历史文物》2003 年第 3 期,第 58—62 页。

婚嫁认知是一个很大的挑战。所谓"三从",必得以婚姻和生育为前提——遗憾的是,迄今为止,我们对历史上这些"无所适从"的女性很少了解,《唐代妇女》中这一幕因此让人印象深刻。

最后,关于女性的**精神世界**——只在这个层面上,等级让位于信仰和观念,意识形态再次走上前台,借助知识精英主导的"思想"的力量,让主流社会的正统教化全面进入民间社会。拿信仰来说,"在唐代妇女的宗教信仰与活动中,佛教占据绝对主流地位。妇女奉佛之风盛行,佛教信徒众多。"作者认为:

> 从佛教教义与宣传看,较之明确主张男尊女卑的儒教,佛教对于妇女没有明显的歧视,而主张众生平等,只要一心向佛,无论男女都可以脱离尘世苦海。有的教派甚至主张妇女也可以"转轮圣王"、立地成佛,武则天就曾因此而大兴佛教。(256页)

同样引人关注的是(第三章)"妇女教育与女教著述":

> 在唐代这个礼教相对松弛的时代,女教却似乎很发达,出现了为数不少的女教著述。其中《女论语》更成为后世女教名著……另外值得注意的是,从唐代的女教著述还可以看出,传统女教出现了从私人推向公众、上层推至下层的社会化、平民化趋势。(165—166页)

将唐代的《女论语》与汉代班昭的《女诫》相对照,作者指出:其明显的区别在于,它并不提倡《女诫》列为首位的"卑弱",也不强调"曲从",这里不仅有相对宽松的时代的原因,可能也与平民劳动妇女的生活状况相关。作为"迄今所见第一部针对民间劳动妇女的女教著作,它首开通俗女教著述之端,并开创了通俗韵

《女史箴图》，大英博物馆

文形式的女教著述新体裁"（171页）。从此，女教走出了上层社会才子佳人的闺笼，在"礼下庶人"的过程中弥漫到全社会，可见"思想"的魔力和意识形态的主导力量，跨越世代，通过教化，可以将社会各阶层民众一网打尽。

杰出的史书，何以造成失真的历史？
——读【美】贺萧《记忆的性别：农村妇女和中国集体化历史》[1]

记忆，同任何人文现象一样，是有性别差异的。这一认识在女性学和性别研究领域是共识，除非有大量案例举证比对，似乎没有必要刻意强调。关于农村妇女暨女性文盲在历史叙事中的时间表述，我在"20世纪（中国）妇女口述史"项目指南（1994年）和《让女人自己说话》（三联书店，2003年）丛书总序里早有说明，《记忆的性别：农村妇女和中国集体化历史》（下文简称《记忆》）中有类似说法却没有标注来源，像是作者自己的发现；在我看，它也没有提供什么新鲜信息，不过是从不同的口述经验中证实了我们既有的认知。

2011年英文原著（*The Gender of Memory: Rural women and china's Collective past*）出版不久，想读，贺萧即托友人转来电子版让我先睹为快。2017年4月我邀请贺萧在陕西师范大学做专题讲座，之后短评，在高度赞赏此书的学术价值时我点出了几个要害问题。当晚聚餐时谈到相关问题，贺萧不多辩解，她已经意识

---

[1] 【美】贺萧：《记忆的性别：农村妇女和中国集体化历史》，张赟译，人民出版社，2017年。

到有些缺憾是严重的，却难以弥补。因此，我一直冀望于她的访谈合作者高小贤能有专著面世（她们约定合作采访，各自作文），期盼不同视角的独立叙事能够有效地校正《记忆》的某些失误。原以为事情到此可以告一段落，不期它在学界的热效应持续不衰，然而相关话题讨论至今没有结束，线上线下，总有应和的声音不绝于耳，多见史学后生就其方法和叙事立场盲目追风。防不胜防的是身边学生诚心请教，逼我直言道出了我对此书的总体评价："**就学术研究而言，这是一部杰出的史学著作。就历史认识而言，这是一本失真失实的史书。**"自此，追问不绝，我这里却从不回复。

坦白地讲，我不是一个好老师，不那么耐烦，不会有问必答，最缺乏的师资品质是循循善诱。我很清楚，祸从口出，托底的只能是言说者自己。长久保持沉默，因为有建议在先：《对话汪晖：管窥中国大陆学术风向与镜像（1990～2011）》[1]出版后，好友白露（Tani Barlow）和老友林春都曾直言劝说，希望我能私下交谈以避免公开质疑"伤了和气"[2]。不在京城，半个江湖中人，讲求道义不伤和气该是情理中事。但是，学界不同于世间，不那么讲究人情世故，问学的执着难免会携带着伤人甚至伤心的芒刺，适时而发，不由自己。尤其当下，学术交流之困之难并不是学者本身的问题，主要囿于内外有别的学术环境，使得话语常常在行走过程中发生意外的梗阻……索性停下来，不妨借助已有的学术成果暨妇女史引发的性别制度研究，深入探讨一系列在新史学实践中出现的理论问题——为此，我将《记忆》带上案头，认真面对作者的宏大抱负和书中细腻的分析阐释，就它承载的若干重大（不尽

---

[1] 李小江：《对话汪晖：管窥中国大陆学术风向与镜像（1990～2011）》，2014年。
[2] 2012年12月林春的来信和2015年6月（南京大学人文社会科学高级研究院会议期间）与白露（Tani Barlow）的对话。

是历史和史学的）问题给出我的体察和思考，答问，也是自检。

第一个问题：为什么说《记忆》是一部杰出的史学著作？

相比中国历史研究传统暨妇女史研究，书中几个亮点显而易见。

亮点一：**从问题开始进入叙事**，这与近年来海外中国妇女史研究一脉相承，在起点上是同步的。不同的是时代指向：不再是遥远的古代，是当代；关注的不全然是边缘化的女性生存问题，而是新中国得以成立的根基。做学术研究，提出问题往往比解释问题更重要。一个好的问题可以开启深入认识事物的窗口，如贺萧这本书，虽然书名是"记忆"和"性别"，但两者都不是论说的重点，而是研究问题的工具而已，如载渡之舟，共同让渡给一个宏大的理论问题：

> 本书要问的是，从地方层面上看，社会主义是什么？为了谁？社会性别在社会主义的形成过程中起了什么作用？（导言11页）[1]

历史研究的三大要素在"三问"（where, who, why）中一并到位，与"记忆的性别"本身并不发生直接的关系。书中所有问题也都锚定在一个目标：社会主义（socialism）——"社会主义"是一个不可分集合名词，不能与任何具体的"地方（local）"或"人（who）"或事项如"集体化"（collectivization）直接相互指认。作为一种意识形态，它并不必须与历史勾连，更不能在被悬置的抽象概念中求证其生发的原因（how）。从字面的逻辑学角度看，以上问题是不能成立的。之所以无人就此追究，是因为所有人（包

---

[1] 文中的页码标识均出自《记忆的性别：农村妇女和中国集体化历史》2017年中文版。原文：This book asks what socialism was locally, and for whom, and how gender figured in its creation. Gail Hershatter: *The Gender of Memory Rural Women and China's Collective Past*, Berkeley University of California Press, 2011, P.8.

括作者)都明白,这里的"社会主义"并非单纯的抽象概念,它不仅与一个可以被追踪历史过程的民族实体(新中国)同名,而且有名副其实的议事对象:社会主义国家——对此,作者有进一步的交代,在主题"三问"之后,作者就每个章节中要解决的具体事项也有追问:

> 第二章沿袭了"家里没人"的说法,她追问:"妇女在**革命**前困囿于家的故事明显不准确,但为何此类故事仍旧有着持久不衰的生命力?"
>
> 第三章"寡妇"中,她的问题是:"在一个普遍认为国家在中国农村扩张的时期,**国家意识**是从哪里产生以及怎样产生?如何得以保持、被内在化或被扩展以囊括以前未曾涉及的人群?"
>
> 第八章"模范"中,她问:"这些妇女劳动模范们在多大程度上能通过**国家**提供的词语来了解自己?"
>
> 在第七章"母亲"中,作者写道:由于"集体劳动是唯一一种**国家**认可和看重的妇女劳动形式,家务劳动变得不受重视……本章要问的是,这个潜沉在历史地表的领域在经历深刻的变革时发生了什么。"[1]

问题多多,主角只有一个:社会主义中国——放在可被普遍认知的学术范畴内,作者称之"国家":"20世纪50年代,'国家'不再是一个外部的、无关紧要的存在,而是常常化身为一个熟悉的邻人,如妇女领导、积极分子或劳动模范。"(导言12页)显而易见,这个"国家"不同一般不同以往,它不再是高高在上、遥不可及

---

[1] 这里的问题均出自《记忆的性别:农村妇女和中国集体化历史》导言第11—14页,黑体为本书作者所加,以突出识别其中"国家"的主体身份。

的体制机构，而是农村妇女日常生活中常见的和熟识的伙伴——是好？是坏？看上去，这正是作者关注的问题；但其实，在导言中她就已经给出了自己的回答：记录亲历者的口述，借用倒叙手法，站在今天乃至未来的立场上，**为广大农村妇女在大历史的视野中"消失"讨公道**。导言最后一段她写道："妇女们在一项国家工程解体之后讲述自己的故事"，曾经生机勃勃贡献甚多；但是，在新世纪新的社会秩序中，"她们成了多余的存在。"

> 她们在农村度过人生最后的日子，村里身强力壮的年轻人则已前往国内沿海城市或国外去务工谋生。在这些被掏空的村庄里，除了偶尔一两个废弃的集体食堂外，**没有留下任何历史遗迹或记忆的场所**。（导言15—16页）

已经解体的"国家工程"即新中国的"集体化"（China's Collective Past），真是如作者所说"没有留下任何历史遗迹"吗？这是我在后文中要讨论的问题：如灯下黑，被亮点遮蔽的真相常常就在"亮点"之中。

亮点二，**新社会史观引导下的立场转换和目光下沉**。相比其他新史学著作，《记忆》的立场不在精英阶层和社会主流，它的目光下沉，既全面也彻底：从国家权力中心下沉到地方（陕西），在地方上选择的是几个普通村子，在村子里选择的是农村妇女，在妇女中选的多是在"旧社会"生活过的长者，她们中大多数是文盲或半文盲。正是在中国社会最基层的民众中，作者有意凸显她们在大历史的洪流即集体化历程中的个人感受，用心精巧，设计精致，故事精彩，阐释精辟，有许多发人深省之处。这一亮点在读者中反馈最多，好评如潮，不需我继续画蛇添足。

亮点三，**从女性的视角出发重审大历史**，揭示出新中国成立初期合作化运动中一些长久被遮蔽了的妇女问题。诸多事项中，最触目的是"解放"与"传统"的关系，从社会空间到私人领域，深入肌理，娓娓道来。从女性的个人处境看，集体化运动中，所有的成年妇女都要在大田里参加集体劳作，而回家后依旧有繁重的家务劳动。社会身份的国民化并没有改变女人生养孩子的传统角色，内外兼做，双倍的生产负担和接二连三的生育，对她们的身心健康造成伤害，是隐形的，更是隐声的，痛楚和痛感弥漫终生。

> 妇女们用"旧社会"来哀叹集体化时期的艰难处境……她们将年代顺序与事件进行的重新结合是她们阐释自己过去的线索，并以曲解官方用语的方式表达出来。这种重新结合显示出一种对集体化时期露骨的批判。(34页，有改动)

个人故事中大量的"诉苦"成为"记忆"的主旋律，表明她们生活中的"这些境况与党和国家允诺的世界格格不入"。作者认为，因为"国家在集体化时期对家庭这个领域关注很少"，没有提供一套有说服力的革命话语去描述"妇女所做的大部分工作"，妇女的解释会改变方向，在她们可以理解的传统理念中求助于传统美德的持续认同（导言14页）。这种现象也出现在公共空间，以"年青的农村寡妇被组织招纳并成为领导和劳模"的曹竹香为例（第三章），作者特别指出，并不是社会主义意识形态对模范人物的身心改造，而恰恰是"寡妇身份以及她拒绝再嫁的行为契合了农村的德行观念，并以复杂矛盾的方式增强了她在地方上的威望"。如此种种，大历史中的小故事，很多，深刻而有趣，为我们认识"百年未见之大变局"中的艰难岁月留出了足够丰富的想象空间。作者珍惜到手的"好故事"并且用到恰如其分：

一个足够好的故事可供再阐释；可以被编织进许多更大的叙事里。聆听……并关注这些妇女们的叙述如何互相强化或互为矛盾，这种做法本身并不能让我们去构建历史。然而这些足够好的故事确实可以帮助我们思考如下问题，即我们对中国早期农村社会主义历史的讲述为什么**不够好，哪里不够好**。（导言4页）

显然，她这里看重的并不是"好"而是"不够好"。之所以采用口述方法，就是为了校正和补充报刊、文件、档案中"千篇一律"的"官方的声音"。她认为，官方主导的史料"聚焦的都是运动的目标，而非运动实施的不均衡和带来的意想不到的社会影响"（导言5页），偏差和遗漏难以避免。因此，作者另辟蹊径，在新社会史的光照下自行作为：深入基层底层，进入（女性）个体生命，将亲历者口述的新鲜资料直接带进学术著作，为自己的研究也为后人更加全面地认识历史创造全新的史料来源。

亮点四，**把人类学方法带进史学领域**，将口述历史的亲身实践和学术呈现合二而一，为新社会史研究创新史料。所谓口述史，在她这里不是一个悬置的学科概念，而是脚踏实地深入现场，十年的执着和积累，力求让长期被忽视的农村妇女发出自己的声音。其实，就资料的收集而言，《记忆》不是先例，前有"20世纪（中国）妇女口述史"系列丛书《让女人自己说话》出版，丰富的原始档案已经得到妥善保存。就展现农村妇女的历史贡献和她们所经历的苦难而言，也有大量当代中国文学作品从不同方面对此做出了更为准确和更深刻的描述。《记忆》中使用口述资料的亮点，不在作者对"恓惶"的理解，也不在她对"诉苦"所做的多种阐释，而是她对自己的"外人"身份始终保持清醒的认识，在不断发现的问题中持续提问。书中问题多半是她亲身体察到的,不仅在实地考察之前、在访谈的实践过程中,也在成书的字里行间,带出了一系列值得深入探究的学术思考。这些思考常常以自问自答的方式出现,点滴都如珠玑,散见在全书各个章节中,值得后学耐心析出。

但是,我在这里要做的,不是析出,是甄别:《记忆》的声音确实很不同于"官方的声音",如她一再强调的——即使在"解放"名下,那些经历过旧社会的农村妇女依旧在以"诉苦"的方式讲述新社会里"恓惶"的岁月,苦难的感受甚至超出过往,因此不由人不好奇:那些亲历解放的(中国)妇女究竟当真是被解放了,还是社会主义幕布后面上演的一场假面舞会?

话到这里,触及到本文拟讨论的一系列理论问题:有关史料的碎片化、有关树木与树林的相互遮蔽、有关历史的道德感问题……这些问题的出现与新史学的兴起和热络同步,将历史认识的真假之辨带进是非之争,在"长时段"和"短时段"的纠缠中难以脱身,因此引出了本文要谈的**第二个问题:为什么说《记忆》是一本失真失实的史书?**

今天,有目共睹,新中国妇女(包括农村妇女)与历史上的女人不可同日而语,解放已然是一个不争的事实。与此同时也必须承认,书中故事和故事中人的感受该是有案可稽,不会是造假的产物——那么,"失真"问题出在哪里?

历史研究中,真假判断不是"是/非"问题。真,或不真,也不全然是"在,或不在"的史实之辩,通常与史家的立场和学术视野直接关联。拿《记忆》中的核心靶向(社会主义)中国来说,作者的认识不同寻常:

> "中国"是一种组织我们的教学、写作和理解历史及当代政治的方式。在漫长的 50 年代,治理这些村庄的党和国家正在力图使"中国"处处同等、均匀划一,并让国家的势力触及每一个村庄。(17 页)

反其道行之,作者的视角有意由国家的权力中心向边缘、向下伸展,力图让来自地方的声音解构"均匀划一"的中国。因此,她强调的是"一切社会主义都带有地方性"(18 页),力图以书中故事证明"地方性"的存在及其研究价值:

> 即使是一个中央集权的国家颁布的最具指示性的法令,也必须在各种各样的环境下被贯彻实施,由当地干部根据特定情境对法令做出阐释、修订、强调以及改变。无论在何处,**国家政策的实施都取决于地理环境、事先的社会安排及当地的具体特色**。(18 页)

强调地理环境的作用和地方特色,与多年来我的地缘历史哲学研究吻合,因此是我最赞赏的部分。但是,将"地方性"看作社会主义国家的基本特征,不妥,亦不真。真实的情况是:社会主义中国的历史进程并没有显示它对地方性的保护和弘扬,相反,是全面的"去地方性":从权力机制到经济活动,一直延伸到基层国家组织和各个社会领域,走进了千家万户。新中国成立后 70 多年里,国家之一统天下的能力,在坚持社会主义意识形态的风向中日趋强盛,而不是衰减;其国家的组织形态早已超越了"郡县",在集体化运动中进入"公社"(乡镇);顺随着"社会主义新农村建设"在村落里站稳了脚跟。[1] 今天，全球化潮流中，社会主义中国正以"大一统"的国家行为，在权力机制、社会治理、经济和文化活动直至民生领域，更加公开、全面、彻底地去地方性，致使中国在世界版图上日渐成为一个同质性的"地方"。

地方性，不同于地方特色，它的基本品质是自主的主体性。如今的中国，各地的特色只在自然地貌中自我呈现，日常生活里也仅仅在"食文化"领域中有所保留；而所谓地方性，从时间（北京时间）到空间（中国领地）都几近消逝殆尽。对此特点的认知，不能依托于"短时段"的实地考察，而是在"长时段"的历史演进中客观比对的结果。《记忆》讲述的是短时段（20世纪50年代）中的往事，前后不过十年；而《记忆》的出场和内涵却隐含着"长时段"的历史背景，从新中国成立前（可以追溯到中古和近现代）到该书出版（2011年，中文版2017年），跨越了中国社会从旧到新、从国家内部改革开放到参与全球化的整个过程。比较而言，新中国成立前的"地方"多半沿袭了秦汉以来郡县制的格局，"皇权不下县，县下全自治"，[2] 在自然天成的地缘环境中各地多是自在自卫的，乡绅族长在村落中也有不少自主的空间；新中国成立后，地方性渐趋消逝，始于新中国成立初期的"集体化"就是一个真实的起点，至今没有终结。

20世纪50年代初期在中国农村开始的集体化运动，是以土地改革和阶级成分的划分为前提的。土改终止于合作化运动；但是，**以父系家庭为主导的"成分"**却一直延续到了20世纪80年代。

---

[1] 2021年中央一号文件明确要求加强党的乡村基层组织治理，充分发挥农村基础党组织的领导作用，有条件的地区积极推行村党组织书记通过法定程序担任村民委员会主任，加强对农村基层干部激励关怀，提高工资补助待遇，改善工作条件。各地相应落实，大同小异：村支书的工资一般高于当地农民平均收入的2倍，村主任的收入不低于村支书的70%，村委其他干部的收入不低于村支书的50%。

[2] 秦晖在《传统中华帝国的乡村基层控制：汉唐间的乡村组织》一篇中对此有详细论述。见《传统十论——本土社会的制度、文化及其变革》，复旦大学出版社，2004年。

它是中国传统父权制家庭的最后一抹余晖，也是全民全社会"集体化"（即社会主义化）的政治基础。具体到农村妇女，当年参加大田劳动、挣工分、吃食堂的集体化运动确实已经成为历史，但**它的重要遗产——对父权制根基的颠覆——却永久地存留下来**，成为中国妇女享受"解放"持续发展的重要资源。但凡经历过那段岁月的人都会知道，20世纪50年代直到20世纪80年代初期，家庭的阶级属性是所有中国人共有的第一社会身份，决定了每个人的政治地位和发展走向，没有人能够对此无动于衷。可是，《记忆》里的描述的人似乎都忽视了这个曾经的第一要事，研究者也没有就此给与必要的关注和提醒[1]，反倒是在诸如女人是否外出、男女是否同酬、丈夫是否打老婆……一类陈词般的答问中诠释"悒惶"和"诉苦"，不由自主地掉进了树木与树林相互遮蔽的怪圈之中：

> 几乎所有历史学家都只喜欢观看具体的历史树木，他们忽视甚至否认树林的存在……中国史学者，尤其是哈佛大学的中国史学者，确实往往会倾向于强烈的"中国中心论"。但是，他们的"中国中心论"主要表现为专注于中国研究或某些具体方面。他们根本看不见树林。[2]

《记忆》中的树林，就是集体化运动。作者将之定位在"过去"（past），看它是一个早已消失的国家工程，如今"除了偶尔一两个废弃的集体食堂外，没有留下任何历史遗迹或记忆的场所"（导言16页）——当真吗？

不真！

---

1 《记忆》最后附录的采访名单中，只给出了村庄（化名）和人物是否化名的提示，漏掉了主述人必须的个人信息（诸如：民族、性别、出生地、受访时的年龄、当时划定的家庭成分，等等）。
2 【德】贡德弗兰克：《白银资本：重视经济全球化中的东方》前言，刘北成译，中国科学技术出版社，2022年。

就社会主义中国而言，集体化不是一项不见成果的国家工程，而是国家"去地方性"的真实起点。对新中国妇女而言，城市里推行公有制的工商业改造和农村的集体化运动，抽空了父权家庭中以父亲的社会资源为资本、以父系血缘传承为主体的私有制经济基础，动摇乃至彻底铲除了父权制赖以存身的社会根基[1]。因为（全民）阶级成分的划分以及（全社会）国有化/集体化运动，短短几年内，"父亲"的地位迅速下降乃至最终威风扫地，与中国妇女在20世纪50年代全面获得解放是同步的——认识这一点非常重要，它是我们谈论中国妇女"是否"解放的一个基本依据，也是20世纪50年代集体化运动留给后世的一个非常重要，至今还没有得到充分认证的政治遗产。

关于父权制我有详细论述[2]，在人类学意义上揭示它的两个基本规定，即它的**族属品质**（以家庭/家族公认的家长为前提的世袭制度）和**性别取向**（以可传承的男性血脉或姓氏为合法的权威代表）。新中国成立后，表面看，仍然是沿袭父姓的父系家庭在户籍登记和土地分配中占主导地位，但其内里，"女从男"的人身依附关系潜移默化地发生了巨大的变化，三个特征显而易见：（1）即使在家庭里，国家（政府）权威也取代了父亲（丈夫）权威；（2）对任何个人而言，社会（阶级）身份都先于家庭（成员）身份；（3）就价值观而言，国家（民族）认同高于家族认同——这个变化，全世界范围内，只有几个社会主义国家曾经推行；在中国，从20世纪50年代至今，基盘不曾动摇——这意味着什么？对中国妇女而言，意味深长，事关重大：传统父权体制中所谓"三从"（女子"幼从父、

---

[1] 我在与【日】上野千鹤子的对话《"主义"与性别》中谈到这一问题（《读书》2004年第8期）。
[2] 李小江：《史料：新时期中国妇女史研究的起步基石——读高世瑜〈唐代妇女〉（三个版本）》，载《山东女子学院学报》2023年第5期。

嫁从夫、夫死从子")在集体化的环境中失去了牢固的社会基础，即使（女人）想"从"也无所适从了。今天，集体化运动早已结束，但这并不意味着"女从男"的回归，半个多世纪过去，有社会舆论的反复，社会性别制度却没有发生结构性的倒退，（男人）即使想退，也退不回去了。遗憾的是，面对这一确凿不移的事实即遮天蔽日的树林，《记忆》完全没有提及。更有甚者，它关注的一棵棵树木也从树林里被抽离出来，让人看到的不是根性的变化，而是枝叶趋同。全书下来，林林总总，只在支离破碎的个人感受（是否被"禁锢"、是否"可怜"、是否"恓惶"、是否"诉苦"以及为何诉苦）中大做文章，被截取的个人资料因此都有一个共同的方向：说农妇自家故事，针对的却是（社会主义）国家；首当其冲的，是"党和国家"对妇女解放给出的经典"论断"，如第二章《家里没人》所指涉的：

> 封建的社会规范把她们禁锢在家庭内，还称这种禁锢是她们苦难的根源。然而，她们关于解放前数十年的故事中却尽是东奔西走的细节：逃离饥荒、在田地里劳作、到市集上去卖纱和布、惊慌失措地逃到田地里和山洞里以躲避强盗。这些故事的细节……动摇了党和国家关于革命使妇女得以摆脱家庭的压迫禁锢、可以外出自由活动这一论断。（46页）

重述新中国成立前妇女外出求生的故事，呈现新旧社会雷同的现象和相似的感受（将自己较远的和最近的过去联系起来，去接纳诉苦的故事主线……这也使人们对典型的身处幽闺的妇女形象产生了疑问。在那种形象中，妇女只有在共产党到来之后，才得以"迈出家门"。52页），对禁锢在家的习惯说法是一个校正；更重要的是对社会主义妇女解放的理论根据提出质疑——恰恰是在这里，作者完全忽视了相似的现象背后完全不同的质的变化：旧社会的妇女无论在家还是外出逃难逃荒，其人身和人生归属都是父权家庭，"外出"也是家境所迫。而在20世纪50年代集体化运动中，无论外出劳动还是操持家务，基本上都是集体意志的结果，时间也是集体制订的。家务劳动没有报酬，而"外出"工作不仅是有偿劳动（尽管不同报酬），也有相应的社会身份获得国家认可——此"外出"（集体生产）与彼"外出"（逃荒避难）完全不同性质，不可放在一个议事平台上等价权衡。可惜，《记忆》中的个人故事基本上都被作者安排在这个（新旧相似的）等价平台上，将"诉苦"激发出来的同情心导向道德判断，在打抱不平的义愤中将历史研究的"真假之辨"引向万民趋同的"是非判断"。大量同质性的碎片遮蔽了我们对大历史之"真"的客观认识：只见树木，不见树林；只摘果子，不问成因，可能追索的历史逻辑就此中断。这个问题与后现代主义的"解构"同一品质，成为新社会史研究的"阿喀琉斯之踵"（Achilles' Heel），对传统史学的核心价值是一个重大挑战：

> 大量执着于各种话语解构的研究带来的影响是历史研究不再以追求真实作为根本任务，更多只是关注如何"讲述"历史，以及对话语背后的权力关系进行分析……历史研究变得越来越琐碎化，无力对历史进程中的重大事件进行有效回应和解释……[1]

通常，即时的回应往往倾向于道德判断，而有效的解释则有赖于对大的历史变迁做长时间的动态观察。拿《记忆》中的农村

---

[1] 赵刘洋评《中华帝国晚期的性、法律与社会》"光棍"会危害社会秩序吗？，2023年6月8日，见 https://mp.weixin.qq.com/s/BDpGS8c3b6cD1Z3OdDjuCA。

妇女来说，短时段里，我们看重的是她们承受的苦难和为解放付出的代价；只有在长时段里，我们才能看清妇女与社会共同成长的历史成就暨妇女解放的实际成果。诸多认知失误让我们逐渐认识到，在历史长河中，史家自身的历史认知也是有时间约定的：短时段的历史研究注重细节的真实，史家的阐释与现实社会及其主流意识形态会有较多牵连。好的历史研究不仅需要细节的真实，更需要对历史之在做本质性的把握，在长时段的视野中强化历史认知的客观品质：对概念"去意识形态"，对史实"去是非判断"，在呈现"仍在"的同时追索"不在"，顺应历史逻辑探寻其因果关系，追问：哪些现象是新生的，哪些历史现象还在持续，哪些现象永远消逝了以及为什么？《记忆》关注的历史事件发生在20世纪50年代，但是，书中农村妇女的人生故事却有一个长时段的历史背景：她们亲历了旧社会、"合作化""大跃进""大食堂"……直到改革开放后的市场经济、加入全球化，倒叙的"记忆"与即时的"真实"会有很大差距。对此，作者有预判，断言她们自始至终都是沉默的一群，她们的生活和她们的声音都在"沉寂之中"：

> 有关土改、婚姻改革和集体化的早期报道都强调妇女如何积极参与这些运动，并表明农村妇女解放后的生活与解放前判若云泥，无法相提并论。**然而**，在这一系列的农村重组和剧变中，农村妇女的声音，她们如何回应这些国家运动，她们的日常生活在多大程度上受到50年代政策的影响——这些问题依旧陷于沉寂之中。(6页)

其实，上述问题在报刊、文学作品、回忆录以及相当热络的妇女口述史著作和档案资料中并不罕见。作者有意记录大时代中小人物的命运和感受，目的并不在为这些农村妇女做传，而是标的明确地指向"社会主义"(国家)批判。《记忆》的写作和成书，基于两个与新中国完全不同的文化背景：一是西方学界对社会主义中国妇女解放的普遍质疑["从20世纪70年代开始，海外的女性主义学者便带着批判的眼光去看待革命对妇女（包括农村妇女）带来的后果"。7页]，另一是新世纪西方左翼知识分子（New left）对"全球资本主义"（包括中国的市场经济）的全面批判。上述两种因素交织在一起，成见颇多。作为学者，本不该在短时段的有限认知里对历史事件做出简单的是非判断——《记忆》的失误就在这里：试图用短时段中发生的故事去阐释只有在长时段里才能看清的历史真相，批判一种（国家）意识形态话语垄断的同时，落入另一种（西方）意识形态价值判断却并不自知；因此，它在阐释中发生"失真失实"就是自然而然的事。

比如，作者悉心倾听农村妇女的声音，是想知道她们究竟是如何应对和回应"国家运动"以及"她们的日常生活在多大程度上受到50年代政策的影响"（6页）。结果是什么？书中故事呈现给读者的，多是"诉苦"和"恓惶"（"恓惶"并不总是像故事讲述者说的那样，只属于解放前的过去。它有力地描述了集体化时期生活的某些方面，妇女在谈当下的改革时代时也频繁地用到这个词。49页），她们的日常生活（如养儿育女、家务劳动）并没有因为集体化运动而发生大的改变，不过是增加了开会、夜学、唱歌表演……比过往变得更加忙碌了。

> 对妇女而言，新的组织工作带来了一种非常复杂的经历：愉悦的社交、经济及身体上的压力，曾是家庭收入重要来源的纺织逐渐不被重视。在妇女的酬劳该如何计算上的冲突，以及她们记忆的关于何为公平、何为不公平的划分标准皆表明，尽管妇女工作的内容发生了改变，**社会性别化**

的劳动分工依旧持续存在。(导言13页)

性别差异"**依旧**存在"(remained，书中这个词多次出现)，甚至进入到公共劳动领域，延伸到社会生活的各个层面，这是事实。但是，就历史变迁而言，作者的阐释立场是有偏差的，在一个重要环节上严重"失实"。

究竟是哪个环节出了问题？

书中，那些生活在社会底层且多是文盲的农村妇女在诸多历史事件中与(社会主义)"国家"直面相对，这与实际情况并不相符。现代社会里，国家的任何法律或政策，都必须通过自上而下的合法程序和组织行为才可能抵达基层得以实施。中华人民共和国成立后更是这样，国家借助遍布全国的基层组织，让新法令和新政策进入"地方"深入民间。具体到妇女，在国家和农妇之间，最直接的"中介"是妇联(全称中国妇女联合会)，组织(而非任何杰出的个人)。这是一个家喻户晓的常识，"娘家人"的说法也是源自基层乡村。奇怪的是，《记忆》像是有意淡化妇联作为一个整体的组织，将外来的女干部与当地那些被选拔出来的村妇女主任分而论之，用碎片化的个人故事遮蔽了妇联在国家与农妇之间至关重要的"中介"作用——取而代之的，是一个叫曹竹香的中年妇女，旧日的寡妇，新社会的劳模，作者直言："本章探讨的是，在共产党干部的扶持和引导下，农村妇女如何重组农村的社会空间，引入运动时间，并以一种带有地方甚至是个人具体特性的方式体现了国家的指令。"(90页)竹香为此成为第三章的主角：

> 作为劳模和恪守贞节的寡妇，竹香曾是中华人民共和国早年间形成的各种错综复杂的、未被文字记录下来的关系网的**中心连接点**……通过与在地方和全国性的会议上认

识的其他劳模建立联系，劳模们将村庄与一个更广阔的农业劳动和社会变革的世界联系起来。她们……**在农村妇女面前代表国家，在国家面前则代表农村妇女**。（93页）

这里，没有妇女组织出现，个人与"国家"直面相对：

> 从中华人民共和国成立伊始，国家的各级部门便利用竹香这样的中年妇女……国家通过将这些妇女指认为劳动模范并鼓励村民将她们同本地有名的妇女和男人联系起来，引入了许多不为人们所熟悉的做法——从新型的肥料和种子到男女混合的工作组和全县大会。（92页）

一个"利用"让人心惊，核对原文，果然："From the inception of the People's republic,state authorities at variouslevels **made use of** middle-aged women such as Zhuxiang"中，主体是国家（各级部门），受体是竹香（一个被命名为"劳模"的寡妇），"**made use of**"的意思是"利用"（人）或"使用"（物）。如此陈述中，竹香乃至整个妇女群体都被物化，即工具化了，在广泛的国家行为中成为"被利用"的对象。不仅如此，"国家"在这里也被架空了，无关国民的实际利益，不过是社会主义意识形态的一个载体。说到这里，作者自身的意识形态属性曝露无疑，失真和失实也都不再是单纯的学术问题，直接指向（一个西方学者）对社会主义国家暨新中国的基本认识。此事超出了本文关注的话题，老生常谈，一声叹息：如此失实的讲述，多见，怎一篇读后感能说清楚！

对妇联的存在及其中介作用，作者其实非常明白，全书开篇就有交代：她的合作者高小贤本人是省妇联的干部。她们每到一地，一定要跟当地的妇联组织接洽才能顺利地进入乡村〔"我们从来没有从西安直接去过一个村庄。我们总是途经区政府或者县政府（有时两个都经过），停下来拜访当地官员、受到接待，并带一两个妇联的干部随同我们进村。"23页]。她亲眼目睹"她们都在妇联的关系网络中有共同的熟人"，并且亲身体会到"这样的网络是妇联在陕西农村半个世纪的工作中产生的"（9页）。但是，这个不可或缺的"中介"在她的叙事中还是整体性地被忽略了，它作为"网络"无所不在的整合能力也被肢解成为个人记忆中的碎片，一地鸡毛，难以收拾——这是为什么？

一个原因是客观的，因为她始终没有真正了解妇联的性质和工作方式，将之完全等同于意识形态中的"国家"，在认知上是一个错误的前提。新中国的国家系统中，妇联是挂红牌的（共产党）机构，属于"群众组织"，即它的基层成员并非国家干部而是普通民众。妇联组织遍及全国，深入乡村，村一级组织都配有妇女主任，自土改至今，已成定式。县级以上的妇联干部的确是官员，而村官来自乡村，与普通农妇并无二致；不必（如竹香）是"劳模"，更少见是"寡妇"的。贺萧将妇女干部统称为"妇联官员"，不妥。20世纪50年代集体化运动中，那些生在乡村的农村妇女之所以被选拔成为村干部，多半因为她们原本就在自家村子里有良好的人际关系，能干且智慧，几乎都是有家室有儿女有能力有担当的中年妇女。她们不仅是集体化运动的参与者，也是推动者和最早的受惠者。在集体化运动中她们被推选出来成为"积极分子"（详见第四章），很大程度上是因为上级组织看好她们原本不错的口碑和群众基础，便于发动当地的妇女群众。正是在积极参与集体化运动的过程中，她们最早感受到了"解放"给妇女带来的诸多好处，亲身体察到了依托国家之力所获得的社会尊重。不错，她们"被选拔""被组织"，某种程度上"被利用"，配合上级组织全力去完成国家指派的任务；但与此同时，她们自身已然成为国家机器有效运作的内在因素，与国家不再是"对应"或"对立"的关系，而是和合一统，互为你我。比较过往受家族和丈夫的指使，国家任务给女人带来的是更开阔的社会空间和合法的有偿劳动。当然，也有新的风险和压力，如《记忆》中被评说的曹竹香（们）：

> 当曹竹香和其他农村妇女登上当地的领导职位时，她们便进入了一个她们并不熟悉的、当地矛盾和国家复杂易变的政治交叉在一起的领域……一个妇女领导作出的任何行动都可能在当地树敌，任何当地矛盾都可能会被外来的干部纳入更高一级的冲突……妇女进入公共空间——通常被描绘成是脱离黑暗而进入了**革命的光明**——带上了**自身的阴影**。（120页）

书中，"光明"中的"阴影"无处不在，无论（第三章）《劳模》还是（第四章）《积极分子》，"恓惶"的故事遮蔽了她们在集体化运动中获得的社会身份带来的本质变化：她们不再是传统女性的个体之在，不再全然依附于父系家庭，而是作为妇联的基本成员全身心地投入了新中国的创业建设。无论外来的女干部还是在村的妇女主任，性质是一样的，都是新型的妇女组织在国家行为中全面联络女性国民，借势成长、自我求证的见证人和参与者，是国家中人而非国家的"邻居"。基层妇女干部队伍的建立，在中国历史上没有先例。集体化运动不仅是她们参加社会工作的大平台，也是她们参政能力首次展现的大舞台。对广大农村妇女而言，无论集体化运动留下了多少"恓惶"的记忆，也都不能改变她们在妇联组织的依托下获得的一些非常具体的"解放"成果，诸如：(1)集体劳作帮助她们完成了从"家庭中人"到"社会中人"的身份转换。(2)记工分（尽管不同酬）让她们的劳动历史性地获得了有偿报酬。(3)最重要也是最大的解放，就是妇女组织的建立以及它在国家层面上的合法地位，让女人从此有了自己的"娘家"——自此，女人不必通过父系家庭或自家男人与外界联系，女人之间有了相互沟通、申诉或诉苦的合法渠道。从来的上传下达都是通过族长、村长、家长一类的男性主事人，只在集体化运动中女人的"被动员"是在女性内部进行的：面对女人、通过女人、动员女人、组织女人……自始至终，女人扶助女人，在完成"国家"任务的同时顺便实现了妇女自身的成长。几十年过去，往事的记忆日渐淡漠，集体化造就的一代人正在消逝，唯有"解放"的成果（包括妇联组织）长久地存留在世，成为今天年轻一代女性自我成长的社会基石。

另一个原因是主观的，即潜在的意识形态问题：初心是为新中国主流话语"去意识形态化"，不期笃信西方的价值判断同样会让意识形态"尘埃"[1]遮蔽真相。20世纪90年代苏联解体以后，西方左翼学界统一步调迅速转换了立场，从支持社会主义运动一致转向对社会主义的国家批判，（中国）妇女问题独占鳌头：从对新中国妇女解放的高度赞扬转向"国家父权主义"批判，刻意揭露妇女为"解放"付出的代价。西方学界的结论是趋同的：社会主义中国依旧是男性主导，国家动员和解放妇女的目的是"利用"妇女参加国家建设，中国妇女因此承受的是（父权和国家）"双重压迫"即书中有意揭示的"双重边缘化"问题。《记忆》中，作者始终把握着这个主脉，借用历史学家琼·凯莉（Joan Kelly）的经典之问[2]，她的问题是："中国妇女、特别是农村妇女是否有过革命？"

---

[1] 我在《守史学之根，寻历史之"真"——读李志生〈唐虢国夫人：文本与日常生活〉》一文中详细谈及"史料中的意识形态问题"。

[2] 历史学家琼·凯莉（Joan Kelly）曾在一篇著名的文章（1984年）中问道，"女性有文艺复兴吗？"如果她书写的是中国而非欧洲，那么她也许会问，中国妇女有没有发起革命？如果有，是什么时候并以何种方式发起的呢？

接着她回答：

> 她们生活和理解的空间和时间在50年代经历了深刻的重组和排序，从这层意义上来说，答案是肯定的。
>
> **然而**，社会性别以特殊的、具体的方式，对她们的革命进行了塑造。她们的革命也不被理解为一种一成不变的人类财产，而是**一系列实践的总和**。这些实践被革命政策选择性地提及、忽略。（41页）

注意这个"然而"：前面是铺陈，"然而"之后才是《记忆》试图回应的核心问题。她用"革命"替换了（党和国家语境中的）"解放"，刻意呈现的是革命过程中的艰难困苦，并不打算对（是否解放）结果给出一个答案。她认为：

> 革命改变的是农村妇女工作的环境，消除了一些对安全和生计构成的最恶劣的威胁：征兵和流寇。革命减缓了长期食物匮乏带来的影响，在农闲时节提供种子和短期贷款。20世纪50年代，妇女参与到了雄心勃勃的建设社会主义现代性的尝试当中……**然而**，仔细考察这种乐观的进步叙事就会发现其活泼欢快的表述中还包含了其他主题。（383页）

注意书中一个又一个"然而"：正面评价之后讲述负面故事，通常是结论性的，成为书中一种论说定式。曾经的"革命"作为"一系列实践的总和"都已经成为历史，而那些为"革命"做出贡献的妇女在新的社会秩序中也"成了多余的存在"。《记忆》在"叙述者"名下终结全书，将各不相同的口述资料随手拈来，根据"研究"的需要任意拼接组合，印证的是学者拟定的核心问题，忽略的是大历史中发生的重大变化，再次自证了"树木对树林的僭越"

可能造成的认知失误——对此，前文已有陈述，不需赘言。

需要强调的是《记忆》中的双重意识形态问题，在跨文化研究中很可能是一种常态，需得我们在两个不同的方向上始终保持必要的警惕。一个方面，在地的意识形态控制可能形成一种具体的精神压迫，迫使我们不得不适时地改变日常用语和现实生活中的行为取向，道德判断本能地趋向主流批判。相比，另一个方面，来自西方的意识形态携带着质疑的立场，似乎与我们的内在心向是一致的，但是，一厢情愿的对外附和也会带来另一种伤害：（国家）批判的势头一时如海潮来势汹汹，逼迫我们不得不在貌似客观的评价中不断校正自己的真实感受，对常识性的在地"事实"避而不见，指驴为马的误判屡屡发生。这种现象不是《记忆》开始的，从20世纪末持续至今，高调呱噪，让见识过"真相"的亲历者寝食难安。

最后，借用书中的话，表达我对贺萧教授长久执着于中国暨中国妇女史研究的敬意，对《记忆》的"杰出"和"失误"给与同样的尊重：

> 妇女的声音……跟其他任何可获得的、关于过去的片断一样，都受到了"污染"。我们要对这种"污染"培养兴趣且保持尊重。最后，我坦承本书凝聚了我作为一个聆听者、写作者和教师的历史关怀：我希望这些故事变得重要起来，让读者忘不了，并让人们对"大历史"有不一样的观感。（导言32页）

文献的性别：女性文献史之经典与解读

——读（清）王初桐《奁史》暨郭海文主编《从女性文献史观出发:〈奁史〉新解》[1]

中文里,"文献"(documents)不同于"文物"(relics),通常以文字为载体,其价值可在文物的铭文鉴定中窥见一斑。英文 relics 语义范围很广,多是遗物而未必是文字。本文在"relics"意义上使用"文献"一词,跳出文本和文字的局限,在更加开阔的视野中看人类活动,女性历史遗存(如针线绵织等物事)的史学价值才可能浮现出来,彰显出它们与笔墨书写具有同样可被认知的文献品质。

笔墨,最早是男性文化人的专属工具,不止古代中国,在整个汉文化圈里都是特权和才华的象征,其鲜明的等级色彩遮蔽了它的性别属性。的确,在立言记史方面,笔墨书写的价值无可替代。相比,针线绵织类物品多为女性使用,关乎日常生活而无关江山社稷,少被记录入史册,文献集成中更是寥寥无几。[2] 历史文献的大海汪洋中,《奁史》像是异类,独行独为,于"奁"字名下擅自

---

[1] 郭海文主编:《从女性文献史观出发:〈奁史〉新解》,陕西师范大学出版总社,2020年。

[2] 在现存的五百多部类书中专以女性为主的不到十部,且篇幅皆小。综合性的类书中收有相关的女性资料不到10%,以清初的《古今图书集成》为例,收有女性资料的只占全书的8.9%,且多偏向于理论记录及传记数据,对于其他则甚少收录。

作史，在尘封的古旧文稿中爬罗剔抉，煌煌大观，浩瀚巨作，清末曾经多位名家校刊。近代以来，新潮汹涌，《奁史》的黯然冷寂该是意料中事，不讨喜的旧时女相遭致冷遇长达百年有余；直到《从女性文献史观出发：〈奁史〉新解》（以下简称《新解》）面世，为《奁史》带来了新生的契机。

历史上，囿于男性中心的价值取向，古今中外，档案库中的文献和博物馆里的藏品都难以避免地存在着严重的性别偏颇。记录女性生活的文献非常有限；即使有，也是散落在不同领域的边缘缝隙里，长久以来没有得到应有的重视。女权主义运动已经200多年，女性主义学术重建已经半个多世纪，这种状况没有大的改变；究其根本，就在于传统的文献史观里也暗藏着"男尊女卑"的性别偏差，多半学人对女性历史信息的漠视乃至遗失浑然不觉。近年来，微观史研究深入地方，在有案可稽的方志和司法档案里可见一些有关女性的记录，男性文人捉刀，无不留下了父权社会意识形态的烙印，非甄别不能看清真相。[1]相对而言，《奁史》是一个罕见的意外：以男性身份编撰女性文史文献，为后人研究中国古代妇女生活及至人间日常生活提供了丰富、细腻、极为难得的珍贵史料，功莫大焉！

《奁史》是一部全面反映中国传统社会各阶层女性生活的重要类书，现版为清嘉庆二年（1797年）伊江阿刻本，被收入《续修四库全书》1251册（上海古籍出版社，2002年）。"奁"，古意为盛放东西的器物，多指女性梳妆时用的镜匣子，在此指代所有与女性有关的物事。作者王初桐生于乾隆、嘉庆年间（1730—1821年），

---

[1] 毛立平在《清代下层女性研究：以南部县、巴县档案为中心》余论中专说"档案与性别"：州县的司法档案记录中大量关于女性的记录带有明显的意识形态色彩，定罪者多为"不守妇道"。县官对女性"妇愚无知"的属性定位，妇女本身也非常明了。她们常常配合县官表现她们的"无知"以作为减轻罪行、获得宽免的理由。中国社会科学出版社，2023年，第245页。

清太仓府嘉定县（今上海嘉定方泰镇）人。身为男性，为什么唯独是他能在人生的黄金岁月里专注于女性史料的收集汇编，原因不详；只知道他曾为国子监生员——可入当年的最高学府读书问学，博览群书或翻阅史料该是近水台楼。其字号及室名甚多，计有赓仲、耿仲、无言、竹所、思玄、古香堂、杏花村、羹天阁……其中"红豆痴侬"格外触目，让人联想到小妾李湘芝助他编纂《奁史》的场景，琴瑟和合，冷板凳或许也能坐出几分乐趣。就今天正在开拓中的女性文献史学而言，依旧需要"上穷碧落下黄泉，动手动脚找东西"【傅斯年】——走在这条路上，他是先行者，也是奠基人。上起远古，下至清初，《奁史》不忌性别立场，不避物事琐细，在荟萃诸子百家各类书籍笔谈的基础上选编与妇女有关的资料，将女性生活的方方面面分别收录在36个门类名下，从肢体皮发、音容笑貌、钗环服饰、针线女红、诗文艺术到内亲外戚、婚嫁匹配、生养死葬、精神信仰等等，尽录其中，被当代史家看作"古代妇女生活的百科全书"[1]。

遗憾的是，《奁史》存世200年有余，相关研究却非常薄弱，新中国史家的关注更是寥寥。直到郭海文主编的《新解》出版之前，只有几篇论文及两部整理性质的专著面世，与《奁史》内含的历史信息及其文献价值很不相配。究其原因，显而易见：父权社会中"男尊女卑"的价值观根深蒂固，史学领域中男性学者长久一统天下，文献整辑汇编一总追随主流社会的意识形态，集中在帝王将相、才子佳人或改朝换代类的重大事件。郭海文是在20世纪

---

1 臧健：《奁史——古代妇女生活的百科全书》，载《中国典籍与文化》1994年第3期，第81—84页。
2 《从女性文献史观出发：〈奁史〉新解》前言此段和下文介绍《奁史》总貌的文字，均参考或摘自郭海文的"前言"。

80年代"妇女研究运动"[1]的氛围中进入学界的,她从文学转向史学,在文献学领域术有专攻,侧重妇女史料的征集和甄别,尤其关注那些久被主流学界忽视的女性物事,对《奁史》的偏爱可想而知。她认为:《奁史》之重与史家的轻视"这种不协调的状况,与传统史学观念中对妇女史料的轻视和疏漏有关,造成文献学领域中的重大缺憾"。在学业日臻成熟的岁月里,她将研究重心转向《奁史》,不仅是为妇女研究提供史料资源,也是从文献学自身的立场出发,决心"弥补这一缺憾"。宏大的史学抱负,落实在"女性"名下几近落难;多年执着在"针头线脑""脂粉饰物""公主女尼"……不受待见的女性文献中摸爬,不管付出多少努力,多么艰辛,在一些同仁眼里也是"没意义,没有价值"的徒劳之举。言语的轻视乃至公然诋毁常常出现在诸如项目申请、学术评价等利益攸关的大事情中,年复一年,"哭鼻子"在郭海文的学术生涯中是家常便饭——十几年下来,我是这种窘境的见证人,因此成为全力支持她坚守(女性文献史)阵地的后援队。受益是双向的,不只是友情,更多的是学问。正是她多年默默的坚守和持续不断的提问,逼我对"**女性文献史观**"做出清晰的表述:

> 从女性主体出发,在实地考察的基础上重新认识人类文化遗产(relics)的历史价值,将女性的历史遗存(无论以什么形式呈现出来)看作广义的"女性文献"(female documents),为妇女研究提供丰富的史料支撑,也为"大历史"开拓新的认知视角和研究领域。[2]

---

1 李小江:《史料:新时期中国妇女史研究的起步基石——读高世瑜的〈唐代妇女〉(三个版本)》(《山东女子学院学报》2023年第5期)中有详细介绍。

2 *Writing and Weaving: Engendering Documents in History*, by Li Xiaojiang. 见 *Asia Art Archive*, 2018年7月12日; 网址见本书第5页, 脚注2。

庆幸有郭海文这份执着,让尘封多年的《奁史》在现代世界重见天日。庆幸有《奁史》,为女性文献史学奠基开路,让久存在心的理念有了一个踏实落脚的基地。如今,这个综合性的学术基地(女性研究中心)[1]就建在郭海文就职的陕西师范大学,与郭海文以及她的文献专业特长有很大关系。多年来,我不啻看她在女性文献领域孤自摸索,自寻无趣,自讨苦吃,同样见证了她做《奁史》研究不依不饶的决心和韧劲。还有她做人做事的旧式德行:踏实,厚道。相信她做的学问会同她本人一样,厚积薄发,在僻静的陋巷里让久酿的甘醇千里飘香。

《奁史》"引书三千,所检之书不下万种",杂而不乱,排列有序,极少重复,体现了《凡例》中"略而不晦,僻而不繁,辞约而该,旨微而显"的编纂原则。全书共100卷,拾遗1卷,正文36门,每一门类下再细分子目,共计148子目,收录材料13553条,约150万字。很久以来,《奁史》就是郭海文的案头伙伴,从点校开始,得空即修,看它是文献史中一个主攻目标准备长期作战。自2011年起她将《奁史》研究纳入日程,开始指导学生做相关的学术论文,分门别类,各有专攻。她组织的读书会周周例行,大家一起谈论各自的选题,分享点滴思考和学业成果,疫情期间也不曾中断。十多年下来,积小流成江海,在《奁史》研究领域中师生协力共同摸索,迈出了一步又一步,沉着、扎实,步步可期。2019年,她将即成的文稿汇编成书,在"女性文献史观"的视野里定名为《从女性文献史观出发:〈奁史〉新解》。2020年我将《新解》收入"性别研究文史文献集萃"丛书第一批书目,期待日后更多的成果陆续面世,直到"完成"——对此目标,郭海文非常清醒,须臾不曾

---

[1] 详见本书附录。

懈怠，更不会轻言放弃。

目前的研究成果仅仅是其中很少的一部分，大量的任务还有待于后期的艰辛工作。我们依然会秉持严谨的文献学研究方法，认真阅读文本，对文本进行认真的标点、注释、校勘。其次，运用性别理论及四重证据法对文本进行详细的解读，以期佳惠学林。（前言6页）

接下来，我的工作是做好两件事：借《新解》主编郭海文的梳理，展现《奁史》的基本轮廓和主要内容；同时，介绍郭海文和她的学生已经开始并且做成的基础工程，看陈旧的文字如何在"新解"的视野中获得新生。

《奁史》三十六门，子目琐细繁杂，郭海文对它们做了必要的归纳，依照女性生活常识和生命轨迹，以现代人易解的方式将其分为八个部分（如下）：[1]

第一部分：两性关系，性别制度，包括夫妇、婚姻两门。

古人相信"男女构精，万物化生"，故以"**夫妇门**"开头，胪列有关夫妻本分之言论以及夫妇相从之各类形态。夫妇之合，端赖婚姻，故次立"**婚姻门**"，叙述嫁娶礼仪，亦有各类婚事，如皇族婚、同姓婚、世代婚、指腹婚、续弦、辞婚、冥婚等。

第二部分：女性群体的内部分类，依照编撰者所处时代的社会等级所见，包括"统系门""眷属门""妾婢门""娼妓门"四门。

"**统系门**"历述后妃、女主、公主及婕妤、女官、才人、女史、

---

[1] 下文介绍《奁史》总貌的文字，参考或摘自《从女性文献史观出发：〈奁史〉新解》的"前言"，略有修改。

彤史、女常侍、命妇、宫人等宫廷内职。"**眷属门**"首及母教,并述诸母、祖母、后母、乳母等故事,再列出孝女、贞女、姊妹、姑妇、娣姒、姑嫂、叔嫂、弟妇等亲属关系及若干事迹。"**妾婢门**"及"**娼妓门**",分述社会地位较为低下的妾媵、奴婢及娼妓,此辈或凭宠提升地位,或受辱终身,或出家为尼,命运遭际各有不同。

第三部分:女子教育与德修,十门,包括传统"妇学"四项内容,涉及德行(德)、言辞(言)、容貌(容)、技艺(功)的培训和修养。

女容,包括"**肢体门**"和"**容貌门**"两门,罗列历代有关妇女身体及其容貌举止的言辞事例。女德,主要在"**性情门**",集中女子性情爱好等的描述。女红,集中在"**蚕织门**""**针线门**""**井臼门**"三门,可见古时从皇后至民间女子均宜勤习女红,善于操作。**女言**,包括"**文墨门**""**干略门**""**技艺门**""**音乐门**"四门,发现被埋没的女作家、女书法家、女画家的作品,展列出历代闺媛在诗文、书画、音律、技艺以至武艺方面的文化成就。特别值得一提的是编者特立"干略门",辑录妇女武艺,历举拒贼杀敌的女英烈。

第四部分:女性的姓氏、性事与生育文化,包括"姓名门""事为门""诞育门"三门。

"**姓名门**"述女性姓、氏、字、称谓、谥号等。"**事为门**"述岁节时令及房中密戏。"**诞育门**"述感孕之传说、生育之异常情况、产仪等。

第五部分:女性专职行业,有"术业"一门。

"**术业门**"录古代从事几种特殊行业的女性,以"三姑"(尼姑、道姑、卦姑)、"六婆"(牙婆、媒婆、师婆、虔婆、药婆、稳婆)为主。

第六部分：女性的物质文化与日常生活，十二门，涉及衣食住行方方面面。

"<u>衣裳门</u>""<u>冠带门</u>""<u>袜履门</u>"三门，收录女性各类服装、饰物、鞋袜，从衣料到时尚、款式。"<u>钗钏门</u>""<u>梳妆门</u>""<u>脂粉门</u>"三门，历数女性首饰和梳发、洗澡、装扮用具及方法，以及脂粉的成分、品种、用法等。"<u>绮罗门</u>"和"<u>珠宝门</u>"搜集汇编与女性有关的丝绸、明珠、金银、线帛等物事资料。"<u>宫室门</u>"和"<u>床笫门</u>"辑录从外到内的各项家居设备。"<u>饮食门</u>"历数各样食物品种，从蔬果、肉食、糕点到烟、药，均有文字解说。"<u>器用门</u>"讲与女性有关的器皿、舟车等，是对历代正史《舆服志》的补充，从中看到在传统礼制束缚下女性的生活。

第七部分：女性的自然文化，三门。

"<u>兰麝门</u>""<u>花木门</u>""<u>禽虫门</u>"三门所录均与植物和动物有关，从中可见女性与自然物事的关系。"<u>禽虫门</u>"中收录了如西王母的使者鸟、武则天蓄养鹦鹉、小燕飞入人家化为女子之传说。

第八部分：女性的宗教信仰，一门。

"<u>仙佛门</u>"，叙录历代传说中的女仙、女神，如西王母、嫦娥、织女、何仙姑、天妃、巫山神女等，亦及于授经、拜佛情况以及鬼怪故事等。

相对客观的概述介绍中，郭海文对自然界中花草林木禽鸟昆虫类三门与女性的关系又有特别的说明：

> "兰麝门""花木门""禽虫门"看似中性，但在《奁史》

中所录均与女性有关。女子用花木可满足其最低层次的生理、安全需求,如美容与求子。女子亦可用花木满足其较高层次的爱与归属的需求,如缘情、言志、审美。女子更可用花木满足其自我超越的精神需求,如礼佛、得道。这种记录历久弥贵,让我们从历史的缝隙里看到了女子的生命体验,看到了 her story——她的历史。(前言3—4页)

这段文字相当典型,映照出《新解》的基本品质:**从女性文献史观出发,在古旧文献史册(history)中发掘或挖掘女性的历史印记(her-story),于妇女史和大历史一举两得**。所谓"新解",即革新传统的史学观念,走出文字文献的局限,更加全面地认识人类文化遗产的历史价值。具体到《奁史》研究,就是以女性为主体,把相关的文化遗存(无论形式载体)看作广义的女性文献,认真梳理前人的研究成果,深入细致地分析解构《奁史》中大量翔实可鉴的历史资料,从细微处入手,重新发掘和阐释女性文献的历史价值。正是因为在长期的文献研究中早已清醒地看到并深刻地认识到了传统文字文献的缺憾,郭海文对"女性文献史观"的提出感同身受,并在《新解》中身体力行:

古代妇女极少有"言"见之于史,但这并不代表她们在历史长河中没有其他的表达途径。**一幅画、一具物、一针一线一身衣裳,都可以是她们抒情言志的载体。**《奁史》一书对古代妇女生活的记载多为摘录,没有详细的注释分析。鉴于此憾,本书借鉴和采用了"形象史学"的研究方法……将传世的造像、铭刻、器具、书画、服饰等一切实物作为证据,文字与"形""象"结合,填补了古代妇女的言语空白……(前言5—6页)

其实，长期以来，不止在《奁史》辑录的文字中，在女性文化的田野考察中、在妇女博物馆的筹建过程中、在妇女口述历史的浩瀚档案中……我们早已发现、体察，并且日渐清晰地认识到：女性的文化遗存遍布人类生活各个领域，与生命史、日常生活史、部族和民族的历史以及身体史、心灵史、人类情感和审美的历史密切相关。从女性的日常生活到生产劳作，乃至审美传情，一个显而易见的现象生成一种共识，值得后人持续追踪：在所有可以被看作女性文献的历史遗存中，**"针线绵织"**类的物事应被重视。

针，是人类为取暖遮羞而缝织衣物而发明的一种实用工具，其出现早于笔墨和文字；因此，它的历史认知价值也在笔墨出现之前。从出土文物看，最初古人使用的是骨针，继而用竹针——在汉字中写作"箴"，后来有了金属的针——写作"鍼"（针）。材质的变化本身就是历史进程的见证。与笔墨立言相似，"针言"即为"箴言"，与"真言"谐音，是女人自我表现和传情言志最普遍也是最主要的手段。同笔墨书写一样，针线绵织承载的不只是心智，也有心绪；如《游子吟》【孟郊】所描述，在"密密缝"的隐喻里道出了笔墨难以言说的深情厚意。

线，古往今来，从藤葛草绳到麻线、丝线、棉线再到人造纤维等等做成的各类线材，细柔，纫韧，可以任意曲折，续接绵延，让生命之链"不绝如线"（《公羊传·僖公四年》）。在人类生活的历史长河中，线的影子无处不在，被引申到各个领域的认知层面，在语言中常被用作连词的词根。无论是可见的"引线"还是玄机暗藏的"线索"，都可能在我们的思维盲区中出人意料地别开生面。

绵，常常与线并列，有双重含义，它是去除杂絮后的精选蚕丝，也是长存之物，意在绵延不绝。古字中有"绵"无"棉"字，大约 6 至 11 世纪随着棉进入中国并被广泛栽培使用，"棉"在用字上被定义为"绵",故元代以后文献中的"绵"同"棉"(27页)。自此,"棉""绵"各自走上了不同的轨道:棉,遍布四野民间,成为日常生活之必需的实用之物;而"绵"字则越发少见单独使用,在现代汉语中基本上脱离了它的物质本性,多用作连词的前缀,取其古义"纯""存"的含义,在精神层面上恣意伸展:绵延、绵续、绵亘……以柔克刚取弱者之长,以绵薄之力博时势之强。

比较而言,在众多"糸"部首的字词中,**织**的含义也许是最丰富的,它的释读空间相当开阔。繁体的"**織**"从糸(mì)从戠(zhí):"戠"指军队方阵操演,引申为规则或图形及其变换。"糸"与"戠"结合成"織",是名词也是动词:作名词,它是"布帛之总名"(《说文》);作动词,它的本义是"绘"(《尔雅》),在制造布匹的过程中加入了可变的图案——亦静亦动的结合中,"织"的含义可以无限伸展,譬如"旗织"(《汉书·食货志下》)一类象征性的隐喻,从有形的编织到无形的组织,将所有针头线脑般的琐细事物统统纳入可以被网罗、被结构、被创造的社会空间,在生活的、技艺的、艺术的和审美的领域中成为可被认知的历史文献。

古时乞巧节有"乞聪明"的习俗:"七夕,京师诸小儿各置笔砚纸墨于牵牛位前,书曰'某乞聪明'。诸女子致针线箱筥于织女位前,书曰'某乞巧'。"[1] 社会对男孩和女孩有不同的期许,在价值观中是等高的:男孩用笔墨纸砚指代写好文章,女孩用针线象征女红手巧做好家事。(293页)过去我们总说女人未载史册,实际上不是这样的,是因为我们没有找到发现的路径,没有重视那些习以为常的女性的历史遗存。如今,从全新的"女性文献史观"出发,我们看到了历史的别样面孔:如针线绵织,它们不仅是女性文献

---

[1] 陈元靓编:《岁时广记》卷二七,中华书局,1985年,第309—310页。

中富有代表性的历史载体，也是女人自我表达的主要工具。使用的工具和形式不同，解读方式也不一样：男人用笔墨做传承工具，文字文献将历史事件记录下来；针线绵织出自女人之手，编织的是一段段不为外人知晓的集体记忆。无论是直观的个人记事，还是隐喻的民族记忆，同样携带着历史信息，需要我们从新的视角、用新的方法更新认识，重新诠释。过往，诸多学人一代接一代钻研笔墨文存，少有人在女性的造物中做文章。《新解》从女性文献史观出发，另辟蹊径，开篇几章说的就是针线绵织，在对《蚕织门》《针线门》《衣裳门》的解读中成全了我们对女性文献史观的具像认知。

　　《新解》的开篇解《蚕织门》，是郭海文在该领域中的早期研究成果，与自家学生联手，提供的不仅是合作研习的操作模式，在体例上也是一种示范：由《奁史》所记录的点滴信息进入主题叙事，主角不再是原书中的文本阐释，而是伸展开来的整个"蚕织"领域。从远古直到近代，从采桑、护桑、盛桑的用具到养蚕、纺织的各种用具乃至织机的种类，从自然界的桑蚕养殖到纺织成品丝绸绵麻，整个叙事始终行进在劳作的时序中，细腻且详尽，繁杂却不乱。史料来源也不再局限于《奁史》所辑录的文字，八面来风，从考古出土的实物到墓葬中的壁画、雕塑、绘画、笔记杂谈……丰富多彩。有趣的是，作者在行文中论及的"蚕织"各项物事，统称"用具"而非"工具"，走出了习惯认知的生产劳作之局限，坦然走进女性生活的开阔空间，在女性专属的"蚕织门"里将生活与生产结合得天衣无缝。

　　　　封建社会风俗中，女子出生"弄瓦"（纺专），女子出嫁以桑树、梭子等物品作为陪嫁，女子随身携带的鞶囊里必备线纩等女工用具，等等，可见**女性生活与社会生产的相关性**。"纺轮""梭子""织机"等纺织工具，均作为**女性性别认同的象征**……（33页）

作者强调：一方面女子被拘束在一定的空间范围内不停地劳作，以迎合古代社会对女性"足不逾户"的道德束缚；另一方面她们在满足了基本生活需求以外，还以丝绸纺织为平台创造了灿烂的服饰文明。"在丝绸之路上，女性负责使用织机织造出精美的丝绸织物，男性则充当运输者和传播者，**共同将中国和周边国家以及遥远的西方国家联系起来**"（33页）——好一个"共同"，呈现的不仅是漫长的历史中两性协作共生的琴瑟合音，也是郭海文本人历史观和人生理念的完美体现，看到了，会意，暖心。

解《蚕织门》主讲的是物事，解《针线门》的重点在人，其叙事主体是"针线活"而不是常人常说的"女红"。为什么？因为"针线活伴随古代女子的一生"，做这件事没有退休之日。《奁史》引《画墁录》记载："温夫人，年八十余，耳目聪明，日视针线。"（43页）针对过往的研究侧重女红工艺技巧，对女性主体和女红工具的考察不足，作者有意补缺，用一个"活"字，生生地将整个"针线"都激活了，看它们不仅是女性做家务活儿的活水源泉，也有与笔墨一样所具有的精神价值：

"针线活"作为女性独自担负的社会责任，**代替笔墨，以物质的方式将女性的人生印记存留下来，与传统文献比肩**，是研究古代妇女生活的宝贵资料。在男耕女织、自给自足的自然经济中……针线之事，不仅是女子一生之事，也是全体女性之事。做针线活，不仅是一种生产技能，也是**女性自我书写的主要方式**。（36页）

作者将"针"置于"针线活"的叙事之首,强调它在女性日常生活中的特殊意义:女子往往将针随身携带,如《奁史》引《撼异录》中载,皮大姑的"紫纨裤带"上总系着"针囊"[1]。且一根针的使用时限很长,甚至"一生用之不坏"[2],可以长久地陪伴着女性的成长。针与线相互配合,不仅能满足做针线活的多种实用功能,还能承载难以言说的情愫感怀,如民妇在《山歌》中所念唱的:"不写情词不写诗,一方素帕寄心知。心知接了颠倒看,横也丝(思)来竖也丝(思)。"[3]针线活做成衣服、被服、鞋袜,还有香包、绣品、佩带……恰如作者所言:"如果说材质坚硬的针像是女性本体的投射,那么或许可以说,柔软绵长的线,就是将她们与外部世界联系起来的条条不绝的通道。"(40页)对针线一类缝纫工具的巧用,不只满足日常生活所需,不仅是情感生活的见证和伴侣,在精神生活中也是信手拈来的器具。《奁史》引《熙朝乐事》:"上元节,妇女召针姑,以卜问一岁吉凶。"具体操作见《奁史》引《石湖居士集》:"婢子以针卜,伺其尾相属为兆。"妇人以针尾的状况作为依据判断吉凶,以常用之物敬问鬼神、占卜前途,诸如此类,在古时妇女生活中应是便宜之事。(44页)

《奁史·衣裳门》三卷,其中既有式样繁多的中原地区服装,也有风格迥异的异域民族服装,共计500条。《新解》中有两篇分别专论上衣和下服,综合文献、图像及相关考古资料,考证的不仅是"衣""裳"本身(诸如穿着场合、形制材料、制作工艺等),还有服饰携带着的尊卑秩序及其背后的礼法制度(56页)。《周易·系

---

[1] (清)王初桐:《奁史》卷四一《针线门》引《撼异录》,见《续修四库全书》,上海古籍出版社,2002年,第621页。
[2] 《奁史》卷四一《针线门》引《女红余志》,第620页。
[3] (明)冯梦龙采集的《山歌》。引自《从女性文献史观出发:〈奁史〉新解》,第40页。

辞》曰："黄帝、尧、舜，垂衣裳而天下治。"[1]"垂衣裳"即定衣服之制，辨贵贱之别，示天下以礼，作为古代典章制度的重要一环，历朝历代都有烦琐严格的规定（87页）。以帔为例：

> 帔，始于晋永嘉年间，宋代时分为三等，**成为女性彰显身份地位的符号**，《奁史》引《二仪实录》："霞帔非恩赐不得服，为妇人之命服，而直帔通于民间也。"[2]……比之宋帔，清代的霞帔则在形制上有了很大变化：其一，帔身阔如背心，且左右两幅合并；其二，在胸背正中缀以补子，补子所绣纹样与其丈夫的官位相对应。（71—72页）

《奁史》将那些已经消逝的旧物事与过往的社会性别制度一并带进我们的眼帘，在昔日浓浓的人间烟火气中站立着勤劳且智慧的古代女性群像。她们的日常生活就是劳作，她们在劳作中尽力创造"更好的生活"（better life），力求让每一件寻常物事都能焕发出美丽的光彩——此类举证，《奁史》和《新解》中不胜枚举，让今人后人叹为观止。

《新解》15篇文章中，涉及《蚕织门》《针线门》《衣裳门》《饮食门》《井臼门》《技艺门》《文墨门》《钗钏门》《脂粉门》《花木门》《仙佛门》11个门类，以《文墨门》着墨最多，所说多见海外学者的研究成果；比较而言，《新解》对文房中女性书写工具的展示，拾遗，有补缺之功效。其中解《花木门》一篇，用心多在花木之外，强调女子借花木抒情寄情，看重的是女性与自然界的熔融合一。如作者所解："由于女子与花存在着种种联系，古人也乐于将不同的花与不同的女子类比。评花之人皆为男子，女子只是他们所评

---

[1]《十三经注疏·周易正义》卷八《系辞下》，第87页。
[2]《奁史》卷六三《衣裳门二》引《二仪实录》，第139页。

对象。"(如曹大章品秦淮名妓,见《夜史》卷九二《花木门一》引《莲台仙会品》。376页)看与被看,评与被评,现代理念浑然不觉地渗透在字里行间,让尘世间的性别身份在"新解"的自然界中获得了新的阐释。

《夜史》最后一门《仙佛门》有关女性的信仰和精神活动,共五卷495条,分仙、神、鬼、信佛四大类,引书371部,经史子集俱有涉;既有先秦至明清的众多女性神话事迹,也有大量对民间普通女性信众的描写。特别值得一提的,是《新解》对其中(女)"神·仙"的阐释,各自归位,分而论之:既有高高在上以司天象的女神,说道她们如何利用亲属关系建构权力谱系的性别特征("女性神话人物通过亲属关系构筑了一个庞大的谱系,同时通过亲属关系形成了权力的核心。而相较于女性神话人物来说,男性神话人物通过亲属关系来构造谱系系统则较为少见。"421页);也有尘世间可以追随效仿的女仙,为女性在精神上的自我升华开启通道。

> 神和仙虽然皆有异能,但彼此还是有区别的,神乃先天自然而成,仙则是后天修炼而成。具体到女神、女仙的概念上,我们也可以这样认为:女神即天生神圣的女性神话人物,具有浓厚的自然属性;而女仙乃是由凡人后天修道而成的女性神话人物,社会属性更为明显。(410页)

"女仙与女神的重要区别是,女仙多由凡间女子修道而成。"(424页)在众多成仙之道中,要点是"苦修"(她们修道所凭是对成仙的执着信念,必须付出几十年的长期修炼。这部分修道者可以通过一个简单结构予以表现:民女→自觉修道→感动上仙而得助→最终修成。432页)。苦心修道结成善果,遍布天下的女仙便是一个明证。至今让我记忆犹新的,是作者在《仙佛门》众多记载中发现了"最

为明显的一个特点",即女仙信仰的有限空间性及其地域特征:[1]

沿海地区

《仙佛门》中,天妃信仰发源于东南一带,辐射范围远达东北沿海一带。如东北地区的旅顺天妃庙,是现存东北地区有文字记载的最早妈祖庙。

巴蜀地区

《仙佛门》中的巫山神女在先秦时期就出现于南方巴蜀地区,她的传说最早见于宋玉《高唐赋》和《神女赋》,民间的祠庙很少。《元和郡县图志》《宋会要辑稿》和《水经注》中皆无关于巫山神女的记载。

黄河流域

位于黄河中下游的山西盛行关于麻衣仙姑的信仰。据《仙佛门》记载:"麻衣仙姑,姓任氏,隐于石室山。家人求之,遂逃入石室,中有声殷殷如雷,其壁复合。"正由于其隐藏之地有声隐隐如雷,所以麻衣仙姑最为主要的活动便是降雨。

作者为《仙佛门》中众多女仙做成"一览表"(436—438页),在突出展示其地域性的同时,分析这一特点生成的主要原因,有二:一是地理环境的限制,二是地方文化的制约,"因此,不论女仙地位如何之高,其影响所及总体来讲基本上都集中于发源地,鲜有影响波及全国的女仙"——话到这里,让人浮想联翩,想到的不只

---

[1] 此段文字均引自或摘选自苏振富:《〈仙佛门〉里女性的精神世界》,载《从女性文献史观出发:〈金史〉新解》,第434—436页。

是女仙信仰本身的地域色彩,还有她们在帝王天下的生存空间和实际价值:正因为这些地方性鲜明的女仙与本地文化有共同的特征,更容易为大众所接受,因此"会在本地形成一些国家祀典之外的职能",如麻衣仙姑祈降雨、妈祖祈平安……延至佛教和道家向观音求子、向何仙姑求长生等等,不一而足。所谓菩萨的"女身化"和宗教的"中国化",也都带有深入民间的女仙色彩。

最后,我将《新解》中各篇详目和作者以及《新解》之后郭海文团队出版的论文和正在进行课题分录如下,让更多学人和我一起期待更多的成果问世。面对浩瀚如海的女性历史遗存,这只是开始;但,毕竟已经开始了。

从女性文献史观出发:《奁史》新解

一、《蚕织门》生产工具考 …………… 徐家琪
二、《针线门》里的文化意蕴 …………… 王秀桐
三、《衣裳门》所见上衣研究 …………… 李世佳
四、《衣裳门》所见下服研究 …………… 远　阳
五、《饮食门》引书考述及内容 …………… 刘　莹
六、《井臼门》里的古代妇女劳作 …………… 陶　阳
七、《技艺门》内外的女子技艺活动 …………… 张　平
八、《文墨门》所见女性学术活动 …………… 陈丽媛
九、《文墨门》所见女性诗文研究 …………… 陈丽媛
十、《文墨门》所见女性书法与绘画 …………… 陈丽媛
十一、《文墨门》中女性文房之研究 …………… 陈丽媛
十二、《钗钏门》所见女性饰物考 …………… 王霁钰
十三、《脂粉门》里女性的自我书写 …………… 包　鑫

十四、《花木门》的女性特质及花木之效用 …… 方　草

十五、《仙佛门》里女性的精神世界 ………… 苏振富

《〈奁史〉新解》（续编）选目

一、已经完成的

（一）期刊论文

郭海文、米佳鑫、苏倩文：《奁史·器用门上》所见器物考

郭海文、张平、米佳鑫：《奁史》引书书名校勘札记

张平：性别视角下的古器物"铃"探究——以《奁史》为中心

郭海文、米佳鑫：**身体史视角下的中国古代女性洗浴、熏染、遮蔽研究——以《奁史》为中心**

（二）硕士论文

张平：《奁史·音乐门》整理与研究

米佳鑫：《奁史·事为门》整理与研究

刘丽：《奁史·珠宝门》整理与初步研究

二、正在进行的

张平：《奁史》所见"女技"资料整理与研究

孟文强：《奁史》所引书目考、《奁史》的编纂者与校刊者丛考

米佳鑫：社会医疗史视角下《奁史·肢体门·容貌门·性情门》研究

卢才通：新文化史视角下《奁史·娼妓门》研究

张赞：动物史学视角下的《奁史·禽虫门》研究

王琪：《奁史·夫妇门》新探

王玉洁：环境史视角下的《奁史·宫室门·床笫门》研究

爬梳剔抉：在历史的缝隙中拾荒成金
——读王子今《古史性别研究丛稿》[1]

王子今，1950年人，长我一岁，我称他"子今兄"，业内后生称他"子老"。嗜读如嗜酒，他的好书与豪饮同样声望出众。我们相识于20世纪90年代初清华一位老友做东的酒席上，是近邻，次日他便到我家用自行车驮走了全套"妇女研究丛书"——自此他欠我的，直到日后他用《古史性别研究丛稿》（以下简称《丛稿》）加入我主编的"性别研究丛书"（社会科学文献出版社，2004年），此事算扯平了。

在秦汉史界，王子今是名副其实的好好师友兼专家教授，学问同人一样做得扎实，厚道。自1990年至今，他著有《秦汉交通史稿》《史记的文化发掘》《中国盗墓史》《秦汉史：帝国的成立》《秦汉边疆与民族问题》《秦汉区域文化研究》《20世纪中国历史文献研究》《秦汉社会史论考》《秦汉时期生态环境研究》《汉代儿童生活》《秦汉社会意识研究》《秦汉称谓研究》《秦汉名物丛考》《秦人的信仰世界》《中国女军史》……著作文章等身，覆盖

---

[1] 王子今：《古史性别研究丛稿》，社会科学文献出版社，2004年；增订本由陕西师范大学出版总社2020年出版。

秦汉及史前诸多领域。感觉他是不睡觉的，不在酒桌上就在书桌上，人缘好，得人赠书无数；读书早破万卷，日夜兼程，总在各类史料的边角缝隙里悉心爬梳，博取众家之见，让早期中国的人间万象在他笔下逐一呈现出来。他的著述，从权力核心到边疆民族，从海陆交通到生态环境，从意识形态到性别秩序，从女子参与社会生产劳动到从军助战，以及儿童生活的方方面面……一个又一个领域在他的视界里日见疏朗，可寻踪，可品味，每每让我垂涎，想有一日能将散见各篇中的信息碎片捡拾起来，在早期中国的历史印记中追踪华夏民族性别制度建设的前因后果。

很喜欢"早期中国"[1]这个概念——只一个"早期"作历史定位，便跳出了"前三"（夏商周）"后三"（汉唐宋）[2]以朝代拘束思路的认知框架，在长时段的视野里给上古华夏各地各族群的纵横捭阖留出了开阔的议事空间。本文使用"早期中国"做叙事背景，看重的是其时空品质：没有明晰的朝代归属，没有后人刻意划分的领土边界，宏观地囊括了从神话时代到秦汉时期人间生活的方方面面，与王子今的研究领域正相契合。在诸多有关早期中国的研究中，依稀可见华夏民族在特定的地缘环境中自我建构的文明基石："巫·礼共体"【李泽厚】[3]；所谓"国之大事，在祀与戎"，与人世间以"礼"规制的男女相处之道是直接关联的，如女史高世瑜所说：由礼规定的古代性别制度，主旨即"男女有别"。

---

1 "早期中国"（Early China）基于【美】吉德炜（David N. Keightley）为同名刊物写的创刊词（1975年），他将"早期"界定在"中国史前及商、周、汉时期"。【美】李峰：《早期中国：社会与文化史》，刘晓霞译，生活·读书·新知三联书店，2022年。绪论中将其界定为："从人类历史在东亚地区开始之时（大约200万年前——这个年代大致代表中国旧石器时代文化的开始，关于中国境内最早的人类化石遗存，目前还存在争议），到公元220年东汉结束这样一个漫长的时期。"本文采纳李峰的界定。

2 （明）李贽的《藏书》："前三代，吾无论矣。后三代，汉唐宋是也。"见（明）李贽：《藏书》，中华书局，1959年，第1页。

3 李泽厚晚年的主要工作放在解释中国文明传统的基本性质，以"巫·礼共体"论证早期非理性的祭祀活动与制度化的"礼"之间的承接关系，开启了一个解释中国文化的新窗口。见李泽厚：《由巫到礼 释礼归仁》，人民文学出版社，2022年，第136—137、151、143页。

性别制度自先秦形成至汉代得以确立，主要是以礼的形式规定男女行为与两性关系……**中国古代的法典自出现起便涵括性别制度，主要是严格规范婚姻制度与两性关系。**[1]

在《从汉礼到唐律：中古性别制度建构概说》中，高世瑜以古籍文献为议事平台，不仅认定"汉礼"即"性别制度的确立"之始，并且明确地指出"男女有别"的主要内容并不在生理差异，而是以男性为中心即遵从男尊女卑伦理规范的等级排序："古人很明白，规范人伦关系的基础是男女关系。"[2]《礼记》称："礼之大体，而所以成男女之别，而立夫妇之义也。男女有别，而后夫妇有义；夫妇有义，而后父子有亲；父子有亲，而后君臣有正。"[3] 如此这般，可见以"别男女"为主旨的性别秩序在制度文明建设中的元品质和奠基作用，影响深远且深刻。[4] 在文明史观的比较视野中，社会人类学家艾伦·麦克法兰对此有专论：

> 中国文化的本质在于所谓的"结构主义"。也就是说一切事物的意义——人、自然、艺术、生命——都不在个体，而在于关系，以及这些关系之间的关系。一个典型的体现便是阴阳的符号……这种二元对立是没有止境的，任何一个单一的实体都在一对对比关系中才有意义。[5]

"对立"之说有误，确切的翻译应该是"对应"。早期中国，

---

[1] 高世瑜：《从汉礼到唐律：中古性别制度建构概说》，见夏炎主编：《中古中国的女性与社会》，中西书局，2023年，第6、4、12页。

[2] 高世瑜：《从汉礼到唐律：中古性别制度建构概说》，见夏炎主编：《中古中国的女性与社会》，第5页。

[3] （汉）郑玄注：《礼记正义》卷六一《昏义》，十三经注疏本，中华书局，2009年，第3648页。

[4] 李小江：《史料：新时期中国妇女史研究的起步基石——读高世瑜〈唐代妇女〉（三个版本）》（《山东女子学院学报》2023年第5期）中有详细介绍。

[5] 【英】艾伦·麦克法兰：《文明的比较》，苟晓雅译，中国科学技术出版社，2022年，第17—18页。引文中的黑体均为本文作者所加，后文亦同。

蒙昧渐启,"男女有别"的性别秩序在《易经》中上升为"阴·阳"和合对应的宇宙观、世界观乃至妇孺皆通的伦理观念。所谓"一阴一阳之谓道"(《易传》),阴阳等量,相互依存,与"乾坤"互为指认,成为古代中国哲学体系中的核心范畴——为什么会这样?它带来了哪些影响?进而可以追问:在人类历史上,"别男女"是普世性的规制,还是华夏大地上特有的案例?

本文试图在早期中国的历史印记中寻找答案,以王子今所做的文献考据和相关研究为引线,借助考古发现和各类史料分析,探寻华夏古地"如此这般"之性别制度的地缘特征,看它是怎样开始并一步步走向成熟的。

就性别研究而言,王子今有两本专著[1];但其实,有关信息星星点点遍布在他几乎所有的著作里。他的功夫主要用在史料发掘,在"性别"名下,将散失各处的资料汇聚一处,在细腻的考据中甄别其"然",而对其"所以然"则保持审慎的缄默;至多只是在史料的铺陈中顺便捎带出自己的见解,就事论事地提醒读者注意其要义,并不打算在有限的资料中给出一个定论或概说全貌。

做中国上古历史的性别研究,王子今是先行者;早在20世纪末,他是独行者。他的特立独行,不仅来自大量史料提供的历史信息,还有独到的学术见识:"**性别研究**,是一处近年得到认真垦辟的学术园圃。**古史性别研究**,也是史学研究的新课题。"(前言1页)[2] 评介个人书中作为,他惯于把自己置放在第三人称的位置上,以"作者"(他者)自称,避免"我"的主体性和主观性过度僭越:

---

[1] 《古史性别研究丛稿》和《中国女军史》。
[2] 王子今:《古史性别研究丛稿》(增订本),陕西师范大学出版总社,2020年,前言第1页。为方便阅读,下文只标注页码的,均出自《古史性别研究丛稿》(增订本),(陕西师范大学出版总社,2020年)。

就一些具体问题的探索，作者是认真地提出了基于实证原则的意见的。书中所汇报的零零碎碎的学术心得，或许可以为学界朋友们就这些问题的思考，提供若干点滴的帮助。（前言6页）

这里有必要指出，在"社会性别"（gender）风靡学界几近一统天下之时，王子今使用的关键词依旧是汉语中的惯常用词"性别"，举证或辨析，皆以史料为实证，与各种理论以及当红的西方女性主义史学理念保持距离——强调这一点非常重要：做历史研究，关键词的选择不是随意之举，在有关"性别"的历史研究中，只有守住关键词原本的语义内涵，将其元品质牢牢地构筑在本土文化的根基上，才有可能让大量碎片般的文献有根可寻，在归纳和阐释的过程中不至于迷失了方向。

中国传统文化中，遵从"天人合一"的宇宙观和人生观，自然现象与人间事务从来就没有被全然割裂开来。西语中存在的"性化"（gendering）语言，在汉语中并不存在。汉语**"性别"**[1]，自然品性是根，也是特征；不同于"性"（sex），更不能简单地与"社会性别"（gender）相提并论。《礼记·中庸》称"天命之谓性"，《广雅》中说"性，质也"，古字训诂中强调的都是"性"之基于自然的本质特征。"别"随"性"伴生而出，或可看作一种隐喻：人类世界的两性之别，既是基于自然天成，也是构建社会文明的根基。在汉语文化圈里，所谓"性别"即别男女，既有正视和认同其自然属性的一面，也有顺应自然、人为规范性别差异的社会导向作用："一是区隔男女，防止两性关系混乱，以保证血统纯洁；二是避免

---

[1] 关于"性别"作为关键词我有专文（为欧洲人类进步基金会和法国巴黎社会科学院设立的"AN EXPLANATION OF THE KEYWORDS PROJECT"国际合作项目中"GENDER"而作），中文发表于《跨文化对话》第11辑（上海文艺出版社，2003年）、《中国社会科学文摘》2003年第2期。

女性参与男性天下的国事和立嗣争端。"【高世瑜】中国古人依从天性规范人性，在男女有别的人伦认知中建构性别秩序，如高世瑜所说："从考古发现和古文字记载看，至迟到殷商时代，事实上已经有了男女性别的等级区分。或者说已经有了**性别秩序**[1]，但是成文制度尚不明确。"[2] 于此，王子今的研究是一个有说服力的佐证，在他的史作中，但凡涉及男女两性社会关系，他只说"秩序"而少有"制度"之定见，与早期中国各项制度文明创建时的初始形态是吻合的。

制度之建成不是一日之功，从粗放到精细，从亲疏远近的大略区划到遍布世间的众人诸事；制度的要素是规矩，其原初的和最终的目的就是维持社会秩序。秩序之初之要，有关男女相处之道：有或无，危及族群的生存和延续，生死攸关；粗或细，可见制度文明的健全程度，关乎国之盛衰和社会稳定——于此种种，从神话传说到文献中有案可稽的秩序整合，影影绰绰，无处不在。上古时期那些无从考证的人类活动痕迹，多半会与存留至今的精神之在浑然一体，在遍布中原广袤地域众多考古出土的《伏羲女娲图》中呈现出来。

图中所见（女娲持规，伏羲持矩）早于汉代，直到隋唐，传播地域广泛，表现形式各异，其精神品质却是一致的，无不应和着古人笃信"无规矩不成方圆"的社会理念。在这些寓意丰富的画面上，手持"规·矩"的女娲和伏羲始终处于中心位置，在漫长的符号化过程中，从结尾一体到各自成为男女不同的始祖符号，于"合和交媾"的自然根脉里将社会规矩建立在"别男女"的基础上。

---

[1] 高世瑜："'性别制度'或可作'性别秩序'。前者似更多意味成文或强制性；后者含义应更广，可以是一种约定俗成、不成文的社会规范。"见夏炎主编：《中古中国的女性与社会》，第3页脚注。
[2] 高世瑜：《从汉礼到唐律：中古性别制度建构概说》，见夏炎主编：《中古中国的女性与社会》，第5页。黑体为本文作者加。

汉代画像砖石上的《伏羲女娲图》

纵观早期中国"满天星斗"【苏秉琦】,无论南北东西,在两性关系上并没有繁琐的定规和等级分割,人伦之要,简单明了,就是对"性"的高度警戒和对性行为的严格规范——或许这就是所谓"性别秩序"乃至"性别制度"的历史起点,从考古发现的墓葬形制到上古时期的文献考证,只一个字:别。

性之"别"是从什么时候开始的?

在文献里是无法考证出这个起点的,因为性别秩序的生成一定是在文字出现之前;没有趋向定规的性别秩序,任何族群都不可能在无序的自在状态里培育出成熟的文字文化。对此,王子今有深切的体会,他在早期文献中逐一爬梳,对"未开化"阶段"这种'禁绝''性关系','彻底同异性隔绝'的现象"给予高度关注。在多个文本里,他不厌其烦地引证《山海经》中有关"女子国""丈夫国"(570页)的神话传说,认为它们与《淮南子》中"女子民、丈夫民"的对应关系绝非偶然,或许就是前文明社会性别隔绝的回光返照(584页)。

我受"别"之启发,不在文献中,在考古遗址现场。

1986年我做妇女研究起步不久,初到西安即访半坡村的考古遗址。我并不懂得考古和考古学,引导我的只是学界确认半坡村是"母系社会"。所谓半坡村,不过是早期农耕社会关中平原上一个族群定居的聚落,遗址上可见的多是考古出土的陶制用具和墓葬遗迹。依照"事死如事生"的推理,当时,有两个现象像烙印一样深嵌在我的记忆中,终生难忘:一是死后男女分葬——想:半坡村人的日常起居也该是男女分处的吧?二是村子内外均有成片的墓地,被一道环绕村落的"沟"生生隔开了——想:如此墓葬规制,与半坡族群两性分处的性别秩序该是一致的吧?此沟明显是由人工挖掘而成,能称之为"性沟"吗?

一道"沟"激发出无穷的想象力!

在我这里,"性别"一词因此有了具象的体现,《性沟》[1]一书(1989年)之名就是来源于此时此地。30年后再访半坡,废弃的遗址上建成了现代博物馆,古旧痕迹难寻。寻找和询问当年的考古人和相关的原始资料,无人,无存,无处打听。疑问因此一直揣在心里,难解,因此更加渴望找到答案。几十年间,得空我便去寻访古地遗址遗存,南到良渚,北到敖汉,去了石峁、曲沃、二里头……收获寥寥。难怪,直到21世纪初,考古人多是男性,对女性以及与性相关的信息罕见有人惦记,因此考古报告中也少见有针对性的现场记录。2019年春,我随王子今和他的老友焦南峰(曾任陕西考古研究院院长)同车去访汉霸陵几个考古点,站在窦皇后的封丘上谈起半坡村和"性沟"——遗憾,他们对此毫无印象,对我的(性沟)联想不以为然。此后,我将目光转向墓葬形制,在大同小异的等级规制之外有了意外地发现:迄今为止,考古发掘的早期墓葬几乎都是男女分葬,有记录(然),却少有说明(所以然)。早期中国漫长的岁月里,夫妇"同穴分葬"曾经是常态,

---

[1] 李小江:《性沟》,生活·读书·新知三联书店,1989年。

可见性别意识在家庭演进中的变迁。直到汉代，才发现有了夫妇"合葬"的墓穴（见洛阳古墓博物馆），这与父权家庭的健全以及"女从男"的意识形态是吻合的。

如上列举，史迹可寻，年代可追，从中可以清楚地看到，早期中国以"性·别"为特征的社会秩序日渐趋向制度化的历史轨迹；婚姻形式的规范和家（户）的确立，该是在这个过程中同步演进的成果——之所以有这个结果，在中国，至少有两个基础性的条件值得关注：

一是对偶制婚姻关系的形成，族群繁衍进入"个体"形态。

一是"国家"的制度趋于完善，生成以"户"为单元的父权制家庭。

显而易见，前者之功在早期中国初始即上古时代，后者之成立乃至成型在秦汉两代，如高世瑜所说："中国古代的性别制度初始主要体现为'礼'……流传后世千年不衰的'礼'，大体形成于周，成熟于汉。"[1]亦如英国学者艾伦·麦克法兰的认知："在汉朝……秦国变法被放大了，也成熟了。此时的中国已经完成了向一种史无前例的新的政治、文明世界的转型，形成了有助于我们理解今天中国的蓝图。"[2]自秦汉以来，在大一统的国家格局中，性别关系的内涵渐趋丰富，自然的"性别"中附加了诸多常态性的社会品质，约定俗成的性别秩序在一系列律令规定中开始走上制度建设的轨道——正是在这个方向上，《丛稿》提供了大量有迹可循的历史线索，在"性"之"别"的道理中让我们品味到"一统天下"的文明底蕴。

---

[1] 高世瑜：《从汉礼到唐律：中古性别制度建构概说》，见夏炎主编：《中古中国的女性与社会》，第3页。
[2]【英】艾伦·麦克法兰：《文明的比较》，第7—8页。

秦始皇统一中国后亦强调男女有别[1]，巡游天下留多处石刻为证：(前言2页)

> 泰山刻石："贵贱分明，男女礼顺，慎遵职事。"
> 之罘刻石："男乐其畴，女修其业，事各有序。"
> 会稽刻石："防隔内外，禁止淫泆，男女洁诚。"[2]
> 在湖北云梦睡虎地秦简《日书》和甘肃天水放马滩秦简《日书》中，都列有"牡月"和"牝月"以及"男日"和"女日"[3]。(218页)

汉代司马迁在《史记》卷二四《乐书》说："婚姻冠筓，所以别男女也。"强调"男女无别则乱登"。张守节《正义》称："登，成也。若人君行礼，男女无别，则天地应而错乱成之也。"《丛稿》前言中重点谈论"别男女"的社会取向，确认"别"字中内含的理想品质，而对所谓"男女异路"之说(前言4页)[4]则予以考证和驳斥：

> 从道路建设最为完备的汉长安城的规划看，城门设置，并没有"更为男女各作道"，只能男女"一路而行"。也就是说，是无法做到"道路男子由右，妇人由左"，即所谓"男女异路"的。关于古人所言**"男女异路"**的礼制理想与现实可能这种涉及交通文化的性别关系问题，也是进行古史性别研究

---

[1] "始秦戎翟之教，父子无别，同室而居。今我更制其教，而为其男女之别。"(汉)司马迁：《史记》卷六八《商君列传》，中华书局，1982年，第2234页。

[2] 《史记》卷六《秦始皇本纪》，第243、252、262页。

[3] 睡地虎秦简："葬日"题下，可见"男日"和"女日"的区别。转引自王子今：《古史性别研究丛稿》(增订本)，陕西师范大学出版总社，2020年，第350—351页。

[4] 《史记》卷四《周本纪》张守节《正义》引《括地志》载录毛苌语，说"西伯仁人"之治，"入其邑，男女异路"。《史记》卷四七《孔子世家》说：孔子"由大司徒行摄相事"，"与闻国政三月"，"男女行者别于途"。《史记》卷二〇《建元以来侯者年表》褚少孙补述，也说到黄霸为扬州刺史、颍川太守，"善化，男女异路"。其说本原，见于《汉书》卷八九《循吏传·黄霸》"男女异路"事迹。

时应当探究的。(前言6页)

在这里，求真与证伪，两条路径一个方向，即对"别"的甄别：理念和规制的约定可以成立，"男女异路"可以是"真"的写照，映照出主流意识形态的价值取向。可是，理念落实到人间的现实生活，"别"是难的，真"实"与真"理"可能相去甚远。因此，求真的过程也该是祛魅的过程，为文献典籍中的各项规制和理念去意识形态化；惟此，才有可能在史学建构的上层建筑之下看到些微历史之在的真实镜像。同理可鉴，正因为男女之"别"涉及华夏古代文明基础建设中的意识形态问题，甄别其是非，就不单纯是"真假之争"，也有关"史实之辨"的站位和立场。在前言中，王子今力图澄清理念与事实之间的差异，看它们可能是同样真实的却不同性质："男女异路"一类体现了性别秩序中的"礼制理想"，目的是"皆安其位而不相夺"，从中可见主流社会推行的价值理念；是否可行，未知，因此史家"对于其发生渊源、道德作用与社会影响，都有考察与说明的必要"。(前言3页)对此，《丛稿》身体力行，不仅在甄别中证伪，更多的是追踪。

作为意识形态，"别男女"的理念直接参与了华夏文明的基础建设，渗透在奠基工程的整个过程中。无论年代多么久远，只要这种文明存在一天，它就会变换着样式顽强地潜含在新的制度建设中，相生相伴。如性别秩序的演进，从先秦到汉唐，随着国家制度建设的完善，"别"的内容渐趋复杂和细化：[1]

> 先是阴阳之说（见《易经》），男女两性无分贵贱的对应关系。

---

[1] 以下引文均出自或参阅《古史性别研究丛稿》（增订本）前言。

接着，借天地之说，上下有别，如裴骃《集解》："应劭引《黄帝泰阶六符经》曰：'泰阶者，天子之三阶：上阶，上星为男主，下星为女主'"，社会生活中亦出现了"男""女"的"上""下"秩序。

继而，比附星象格局中的自然天文现象，强化男女之间的高低等级分化。《史记》卷二七《天官书》写道："魁下六星，两两相比者，名曰三能。"中阶，上星为诸侯三公，下星为卿大夫；下阶，上星为士，下星为庶人。三阶平，则阴阳和，风雨时；不平，则稼穑不成，冬雷夏霜，天行暴令，好兴甲兵。修宫榭，广苑囿，则上阶为之坼也。

同时，各类古代典籍中多见是内外（分工）。《史记》卷一《五帝本纪》写道，尧对舜的考察，"以二女妻舜以观其内，使九男与处以观其外"。"男""女"活动的性别差异，一为"外"，一为"内"，区别已经体现。

如上例举，先是等级意识（男天女地，男高女低）的介入，继而是明确的社会分工（男外女内，男耕女织），确凿无误的历史表述在《丛稿》提供的古代文献中清晰可见：从上古时代到秦朝统一天下，"性别等级、性别职能、性别秩序，都各有规范"【王子今】。到了汉初，"无为"的旗幡下推行的仍然是秦之旧制，让"各有规范"的性别秩序在太平岁月里从容不迫地走上了制度化的轨道——于此，王子今在史料的缝隙中爬梳剔抉，对碎片化的资料逐一甄别，分类整理，汇聚在《古史性别研究丛稿》中——《丛稿》初版（2004年）不过十几万字，到了2023年再版增至57万字——成熟的岁月不仅承载着丰硕的学术成果，也有心血。在拾荒成金的字里行间，依稀可见早期中国的性别秩序逐渐走上制度建设的历史脉络。

春秋时期社会生活中还可看到若干原始群婚制的残存。《左传·桓公十五年》:"祭仲专,郑伯患之,使其婿雍纠杀之。将享诸郊。雍姬知之,谓其母曰:'父与夫孰亲?'其母曰:'人尽夫也,父一而已,胡可比也?'"[1] 当时贵族中子、侄、弟上淫父、伯、叔、兄的妻妾,以及长辈下淫幼辈的妻妾的现象十分普遍。

自秦代开始,这种习俗已经受到法律的否定,秦始皇三十七年会稽刻石:"饰省宣义,有子而嫁,倍死不贞。防隔内外,禁止淫泆,男女絜诚。夫为寄豭,杀之无罪,男秉义程。妻为逃嫁,子不得母,咸化廉清。大治濯俗,天下承风,蒙被休经。"以此"初平法式","宣省习俗"。

从睡虎地秦墓出土的《语书》看,在军事斗争十分复杂激烈的形势下,秦政权一再申明"圣王作为法度,以矫端民心,去其邪避(僻),除其恶俗",斥令"乡俗淫失(泆)之民"改变所谓"私好、乡俗之心"。可见新建立的专制政权,把以秦国的传统风俗为基点移风易俗统一文化的工作作为新占领区的主要行政任务之一,并尤其注意落后婚俗的改造。(338页)

春秋至秦,其间一个长达200余年的战国,战乱频仍,规矩难从,张金光因此认为:"战国时期毕竟是妇女解放的时代,那时女子所具有的自由与权力远比前代以及后世为多。"[2]《丛稿》引证了张金光的研究成果,认为《韩非子·忠孝》中"臣事君,子事父,

---

[1]《左传》,上海人民出版社,1977年,第118页。
[2] 张金光:《秦制研究》,上海古籍出版社,2004年,第512页。转引自《古史性别研究丛稿》(增订本)第186—187页。

妻事夫"[1]这三条，应当是后来以"三纲"为道德规范的起点。但是，对"秦之世，在家庭中父权家长专制统治一般说来是不存在的，君主集权制在理论和实际上并没有同家长统治联系起来，韩非的家庭理论并未被秦所采纳"[2]的断言，王子今持保留的态度。以秦始皇二十八年（前219年）泰山刻石为证（"贵贱分明，男女礼顺，慎遵职事。"），他认为，至秦朝，"男贵""女贱"的对应关系是明确的。其时，性别秩序中一个重要变化，是婚姻制度初见雏形：

> 《秦律》规定，婚姻结合，要经官府办理手续，男子休妻，要报告登记，妻子离家出亡，要依法治罪。顾炎武肯定秦王朝这一政策。他指出："然则秦之任刑虽过，而其坊民正俗之意，固未始异于三王矣。汉兴以来，承用秦法以至今日者多矣，世之儒者言及于秦，即以为亡国之法，亦未之深考乎？"（338—339页）

秦汉时期，一个值得关注的事项，是一统天下的帝制国家通过建全户籍制度对婚姻家庭的直接干预。早在春秋战国之交，"国"之主权的明晰与"家"的田亩人口登记直接挂钩：西有强军的秦国于献公十年实行"户籍相伍"的制度（《史记·秦始皇本纪》），东有富庶的齐国早做"户籍田结"便于人地的管理（《管子·禁藏》）。《汉书·地理志》保存了最早的全国户口记录，《丛稿》中亦有多个章节谈及，强调连年征战和发展生产的需要，是以个体家庭为单元的户籍制度产生的最主要且最迫切的诱因。《丛稿》说：秦汉专制政权以控制户口作为经济剥削的主要手段，即所谓"为国之要，

---

[1]《韩非子·忠孝》："臣事君，子事父，妻事夫，三者顺则天下治，三者逆则天下乱。此天下之常道也，明王贤臣而弗易也。"（清）王先慎、钟哲点校：《韩非子集解》，中华书局，2013年，第510页。
[2] 张金光：《秦制研究》，第511页。转引自《古史性别研究丛稿》（增订本），第187页。

在于得民，民多则田垦而税增，役众而兵强。"（341页）由此引出的两个现象不同寻常，对女性的人生和人身归属产生了非常重要的影响：一是早婚，二是多妻——无论女子早婚，还是男子多妻，旨在从速促成人口增长，以利征收税赋，扩充兵源壮大军队。

先看早婚现象，《丛稿》中有专章梳理：

> 简文"☒妻使女贵年十三○2☒"提供的十三岁即为人妻的信息，证实了当时早婚民俗的历史真实性。《汉书》卷七二《王吉传》记录了汉宣帝时王吉上疏对于当时社会风习的评论，其中涉及早婚现象："夫妇，人伦大纲，夭寿之萌也。世俗嫁娶太早，未知为人父母之道而有子，是以教化不明而民多夭。聘妻送女亡节，则贫人不及，故不举子。"（434页）

"世俗嫁娶太早"，确实是汉代民间婚姻史的真实情形。而社会上层的类似现象，可见马援的女儿十三岁"入太子宫"的文献记载。《后汉书》卷一〇上《皇后纪上》："选后入太子宫。时年十三……"当时的后宫制度，选纳"良家童女"就是从十三岁起始："于洛阳乡中阅视良家童女，年十三以上，二十已下，姿色端丽，合法相者，载还后宫，择视可否，乃用登御。"（440页）

再看多妻现象，《丛稿》中有多个章节涉及，由妻妾的称谓到等级差异，从不同角度阐释"多妻"背后的制度推手及其带来的种种社会问题。

> 汉代以至魏晋有关家族关系的历史记录中，已经多见"小妻"称谓，见于《汉书》《后汉书》及《三国志》者六则。

杨树达在分析汉代婚姻礼俗的专著中指出，"男子于正妻之外，有小妻""有小妇""有少妇""有傍妻""有妾""有下妻""有外妇""有傅婢御婢""小妻傍妻有不止一人者""若无子买妾，盖寻常之事矣"。

彭卫指出，在汉代，"男子广蓄妻妾是官方承认的合法行为"，"男子多妻妾主要风行于统治阶级中，平民中的富裕人家虽也偶见纳妾现象，但其数量往往很少，一般只有一人"。

葛剑雄指出，两汉时期，"统治者从上到下普遍多妻"，"而且由于习俗如此，一般平民只要有能力也会多妻"。（468—477页）

在《丛稿》中，典籍出处琐碎散乱，资料的归类和前后比对成为认识历史细部的一个主要方法："与先秦比较，秦汉时期的婚姻行为已受到更严格的法律规定和道德规范的制约和保护，而且往往具有一定的政治和经济意义。无论是处于社会上层的贵族豪门，还是民间普通的细民百姓，都十分重视'取妻嫁女'的礼仪"。（342页）到了汉代，性别秩序由"礼"入"法"，制度成规在一系列严苛的律令中体现出来：皇族中"逾礼制""内行不修"者往往也受到法律制裁，民间浸染原始婚俗的平民甚至被处以极刑。作者认为，规范婚姻制度的一个重要原因，与汉代风行通过联姻方式结成政治集团的时尚有关：汉代政治术语中有"婚姻党与"的说法，"诸外家为列侯，列侯多尚公主"，宗室与外家经常结成多重的婚姻关系，"在这样的背景下，妻子的地位一般不得轻易动摇"。这些妻子的家庭背景不同寻常，多是官宦权贵出身。《汉书》卷一八《外戚恩泽侯表》记载孔乡侯傅晏"坐乱妻妾位免，徙合浦"，可见汉时法律明确维护经过正式婚礼结成的夫妻关系。[1]言外之意，严格规范的婚姻制度，对法律认可的婚姻关系中的女性是有保护作用的。前后比照，撷取众家之见，王子今认为，秦汉时期性别秩序向制度转化一个重要变化，是"明显表现出新的个体小家庭取代旧的家长制大家庭制的趋势"（339页）。

> 贾谊所谓"借父櫌锄，虑有德色；母取箕帚，立而谇语"，形象描述了这一变化。《秦律》规定："父盗子，不为盗。""可（何）谓'家罪'？父子同居，杀伤父臣妾、畜产及盗之，父已死，或告，或听，是胃（谓）'家罪'。"这说明秦代家庭中父子分别拥有财产的情形已成通例。（339页）

这里的"个体小家庭"实则已然是典型的"父权制家庭"。

父权制是"男性在经济及社会关系上占支配地位"的性别制度的统称。[2]在中国，自有"礼"以来，它的基本内容被高度涵括在"三从"即"女从男"的性别定规中，一个突出特点，是在"贞洁观"的意识形态引导下对女性之"性"的严格管理和制约。让人意外的是，秦汉时期，同样是父权制的家庭关系中，"性"并不是社会关注的要点，取而代之的是对女子"悍"与"妻悍"的处罚。《丛稿》中有专章解析张家山汉简《二年律令》中的《贼律》，特别摘引出"涉及家庭暴力的内容"（376—380页），却没有专文讨论贞操问题。其实，如"家庭暴力"类的现代指涉在王子今的文稿中并不多见，罕见的比附中可能别有意味，至少两点：

一则，确立了以男性（父亲/丈夫）为主体的父权制家庭。在

---

[1] （汉）班固：《汉书》，中华书局，1962年，第711页。转引自《古史性别研究丛稿》（增订本），第342页。
[2] 参阅马克思晚年阅读【俄】马·柯瓦列夫斯基的《公社土地占有制及其解体的原因、过程和结果》一书所做笔记"柯瓦列夫斯基笔记"。

阶级社会中，权大财大家业亦大，多妻是"家大"即人多势众的一个前提。

二是父系家庭中的多妻现象，在事实上僭越了"一夫一妻""一阴一阳"的性别秩序和伦理规范，与"礼·理"是相悖的。

就以"妾"的称谓为例：

> 俞正燮《癸巳类稿》卷七"释小补楚语笄内则总角义"条说："小妻，曰妾，曰嬬，曰姬，曰侧室，曰篷室，曰次室，曰偏房，曰如夫人，曰如君，曰姨娘，曰姬娘，曰旁妻，曰庶妻，曰次妻，曰下妻，曰少妻，曰细君，曰姑娘，曰孺子，曰小妻，曰小妇，曰小夫人，或但曰小。"[1]

> 梁章钜《称谓录》卷五"妾"条下，又列有妾、姬、内、篷、嬬、须、婆、妍、童、小、小星、孺子、少妹、侍人、侧室、别室、他室、次室、偏房、少房、别房、属妇、小妇、旁妻、下妻、少妻、外妇、小妻、嫈、庶妻、孽妻、庶妾、伎妾、色妾、女妾、姻妾、薄命妾、祗候人、次妻、如君、细君、姨娘、姬娘、姑娘等四十四种称谓。[2]

家族主要成员"正妻"以外的女性配偶之称谓形式如此繁杂，反映了汉代社会多妻现象的普遍。仅仅为了维持家庭内部的相安太平乃至社会稳定，婚姻制度的完善和细则的出台也是势在必行的——怎么办？一如治国之初，以法律规范的婚姻制度为准绳，"小妾""偏妻"类的称谓由此而出。从文献看，"偏房"的说法见于《列女传》卷二《贤明传·晋赵衰妻》，赵姬所以得"让恩"之誉，

---

[1]（清）俞正燮撰，涂小马、蔡建康、陈松泉校点：《癸巳类稿》卷七《释小补楚语笄内则总角义》，辽宁教育出版社，2001年，第214—215页。

[2]（清）梁章钜著，王释非、许振轩点校：《称谓录》卷五《妾》，福建人民出版社，2003年，第85—89页。

是由于其"身""尊贵"虽后娶却被看作正妻的缘故。"妻贵正不贵偏",确定了家族中的尊卑秩序。(399页)汉代,男尊女卑的意识形态已成共识,"女从男"的婚姻制度日渐健全,家庭中的尊卑秩序显然不是针对男性的。倘若只是针对女性,那就不由人不想:如果不是官方公开认可,如此繁杂的身份定位可是权势阶层内部的便宜之举?何时出?何时终结?更加耐人寻味的是,与现代家庭暴力多由男性施暴不同,如上汉代律令中特别强调了对女子的"悍"与"妻悍"的处罚,不由人不好奇:那些人身归属明确"从男"的女子真实的生活状态究竟如何?当真都是"第二性"的品相吗?

难得《丛稿》为我们认识汉代妇女生活开启了窗口。

在《汉代的女权》(276—284页)名下王子今概说:"在汉代,妇女的地位,妇女的作用,妇女的权利保障,与其他若干历史时期,特别是与一些人以为可以较典型地体现出中国传统文化特色的宋明时代,在某些方面有明显的不同。"(276页)有说服力的,是女性在权力和政治舞台上的表现,汉承秦制,在女性身上亦有返照。早在秦国,"后权"与"妻位"是相辅相成的,直接影响了汉代权力阶层的两性关系和女性的政治作为。

>("芈八子")"宣太后"名号,就现有资料看,是中国出现"太后"称谓最早的实例。宋高承《事物纪原》卷一"太后"条写道:"《史记·秦本纪》曰:昭王母芈氏,号宣太后。王母于是始以为称。"……后世历朝多次出现的"太后"干政甚至主政的情形,也实自"宣太后"始。(148页)

>(吕太后)实际上管理汉家天下十五年之久……吕太后是中国历史上第一个权力地位等同于皇帝的女人。作为女性,她的政治控制力和社会影响力可以说前无古人,在后世政治

史中也极其罕见……后人评价说,吕太后和唐代武则天的区别,仅仅是没有把汉王朝的"汉"这个字符修改掉。(191页)

显然,"妻位"不是虚设,在王子今罗列的六个指标中位列第一。

一、"女主临朝"与"权在外家"(276—277页)

二、姓氏从母(277—278页)

《太平御览》卷八〇引《帝王世纪》记录传说中的帝尧事迹,有"从母姓"的说法。郑樵在《通志·氏族略》中曾经指出,直到三代以后,"姓之字多从女,如姬、姜、嬴、姒、妫、姞、妘、嫺、姶、嫪是也"。汉代"皇子系母姓"诸例,可以看作承认女系这一古老的社会文化现象的遗存。(390页)

三、"享先妣先祖"(278—279页)

四、女性贵族(279—280页)

汉代还多有妇女封侯,得以拥有爵位和封邑的情形。例如,汉高祖刘邦封兄伯妻为阴安侯。吕后当政,封萧何夫人为酂侯,樊哙妻吕媭为临光侯。汉文帝时,赐诸侯王女邑各二千户。汉武帝也曾经尊王皇后母臧儿为平原君,王皇后前夫金氏女为修成君,赐以汤沐邑。汉宣帝赐外祖母号为博平君,以博平、蠡吾两县户万一千为汤沐邑。王莽母赐号为功显君。(279页)

五、汉代妇女的情感生活体验(280—283页)

六、"妻,齐也,与夫齐体"(284页)

如上各项,所说与所做可能不同,所说中也不乏自相矛盾之处;如班固在《白虎通·嫁娶》中强调的"妻,齐也,与夫齐体",与事实可能就有很大出入。作者因此引出陈登原的说辞:"汉人虽曰已轻妇女,如曰夫为妻纲,如曰二女为妓,如曰不敢仰视,然尚有不讳再嫁之事,尚有以妻为齐之说。"[1] 好在,所谓"女权"之外,我们看到了更多的别样风景。

首先是女童教育。作者说,在关于汉代"小学"教育对象的历史记录中,看不到明确的性别区分。但是,在"德育"和"技艺"两个方面女子术有专攻:"东汉经学史的丰富内容中,可以看到女童热心研习的篇章。《女诫》作为儒学道德信条在女童教育中受到重视。对女性强制性的道德约束从童年时代开始的情形,妇女史研究者应当关注。"在"习女工"方面则有更为细腻的要求。(286—304页)

其二是"女军"的遗存。作者说,战国兵战频繁,各国普遍存在军中收编有妇女的情形。先秦时期已经有女子直接参加战斗部队的史例。如《史记》卷八二《田单列传》所谓"妻妾编于行伍之间"。居延汉简和敦煌汉简中都可以看到有关随军女子的记载。作者有专著研究早期中国女子从军的历史,他认为:汉代女子的军事生活其实有相当丰富的形式,不应当以"汉代兵制"所见"汉代征兵与募兵的对象为男子而非女子"而轻易抹杀。(454—450页)

其三是自食其力的从业女性。《丛稿》有专章谈"秦汉时期的女工商业主",从《史记》记载的巴寡妇清(卷一二九《货殖列传》)(362页)说起,说到"军市"中的女子和"文君当垆"的故事,又以张衡《西京赋》中有"裨贩夫妇""肆人之男女"之说[2],说明汉代从商的女性不在少数。(238—252页)而在此类文

---

[1] 陈登原:《国史旧闻》卷二八《汉隋间之妇女》,中华书局,2000年,第141页。
[2] 薛综注:"坐者为商,行者为贾。裨贩,买贱卖贵以自裨益。裨,必弥切。"李善注:"《周礼》曰:大市,日仄而市,百族为主。朝市,朝时而市,商贾为主。夕市,夕时为市,裨贩夫妇为主。"转引自《古史性别研究丛稿》(增订本),第248页。

献里，我看重的是另外两种自食其力的从业女性：一为乳娘，二为舞女。《丛稿》提示，乳娘的职业化与汉代专门设立的哺乳之处"乳舍"有关：

> 东汉文献出现有关"乳舍"存在的记录。追溯其渊源，应当注意到杜预解释《左传》产妇"偕出"事，说到"产舍"。"乳舍""产舍"，应当是服务于妊娠女子生产的专用场所，有迹象表明其明朗的社会公共设施的性质。东汉"乳舍"的使用似乎并没有明确的阶级身份、职业等次、文化品格、财富级差等条件的限定，因而临产孕妇与初生婴儿可以得到较专门的社会保健待遇。（254—274页）

舞女身份在字面上是隐匿的，多隐含在"歌人"名下：

> 汉代"歌儿"、"歌童"、"歌僮"、"讴者"诸实例亦多为女性，如"歌儿卫子夫"，"讴者""卫子夫"，"以官中善歌讴者为媵"之说，又"歌儿、舞女"连称，以及"嬪媛、侍儿、歌童、舞女之玩，充备绮室"等说法，也有助于"歌人"为女性的推断。居延汉简所见"歌人"的性别尚难以作出确定的判断。现在看来，"歌人"为女性的可能性相当大。（430页）

以往的研究对此类女性少有涉及，《丛稿》提供的信息因此难能可贵，对男耕女织的刻板印象是一个补充。说到"女织"，其在农业社会里约定俗成，仿佛自然天成；到了汉代，国家通过制度建设将其看作"强国"的必要手段。

> 汉代"织女"神话的风行，体现出"女织"这一社会

生产职任的确定……《三国志》卷六五《吴书·华覈传》记载华覈上疏:"今吏士之家,少无子女,多者三四,少者一二,通令户有一女,十万家则十万人,人织绩一岁一束,则十万束矣。使四疆之内同心戮力,数年之间,布帛必积。"(506页)

除去"女织",在国家层面上曾经发挥重要作用的是"女巫"。《丛稿》开篇不久有专章谈论女巫,特别指出:在西汉王朝建立之初确定神权秩序时,"女巫"曾经作为正式神职人员服务于都城长安的皇家神祠;汉代"巫蛊"之案往往首发于后宫;宫中行"巫蛊"者多为女子。(65、356页)这里有趣的是作者对女巫现象与农业文明的关系之追索,以季羡林的研究为参照:

> 农业巫术从它的起源来看是属于妇女的本份职业的。因为密宗(Tantrism)起源于农业宗教仪式,所以密宗的仪式最初只有妇女参加。雨对于农业是绝对不可缺少的。而求雨的巫术也完全是妇女,特别是女巫干的事。许多文明古国中都可以找到这样的记载。在中国古代,女巫也起过作用。[1]

作者认同季羡林关于女子与农耕巫术的关系及其原因的分析,却对其"利用妓女祷雨的办法不会是中国的发明创造,而是有所因袭,有所模仿,而因袭、模仿的对象就是印度"的说法存疑。考之史实,齐地"巫儿"之俗与"淫乱"行为有关,是华夏本土发生的历史现象。《说文·巫部》所谓女巫"能事无形,以舞降神",以歌舞为主要祈禳形式,既可以悦神,又可以娱人,也是本土特

---

[1] 季羡林:《原始社会风俗残余——关于妓女祷雨的问题》,载《世界历史》1985年第10期,第17—20页。

产而非"因袭""模仿"的舶来现象。王子今因此认为:"女巫的前身,或早期女巫,很可能就是敬神者本身所嬖幸。在远古社会,这样的人往往又先后属于群落之中交替相继的不同的强者。而人身成为敬神的祭品,也可以因此而具有了某种神性。"(97页)也就是说,在世界的文明版图上,女巫现象与农事有关,出现在早期文明的初始阶段,在各地各族群中很可能是自发产生的,不是特例——说到这里,有必要回到原初的问题:在广袤的华夏腹地,于秦汉时期逐渐成熟的性别秩序和婚姻制度,究竟是普世性的,还是人类文明史上一个特例?

纵览全球,各民族的历史进程已经证明:性别制度是文明建构的基础,凡族群生地必有性别制度伴生;但式样却不会雷同。就"家"而言,西方的和东方的就有很大不同:西欧最早的"家庭"带有奴隶制的烙印,英语中family(家)的词根是从拉丁文familia、famiel、famulus(奴隶)借用来的,"我们在考虑这个问题时首先需要排除'亲缘关系'这个先入为主的意识"。[1]即使在东方,日本的"家"与中国的"家"之缘起也很不同。早年日本,"家制度"是国家制度的组成部分。家姓由天皇封赐,是贵族阶层的专属特权。皇家贵族自称"公家",与之伴生"武家",有关等级制度,无关两性关系。[2]就两性关系而言,日本文化中并没有严格的贞洁观念,古代祭神仪式上人们抬着神的性器官象征物游行,俗称"神乐";后来演变成为宫廷或神社祭神的一种舞乐,与民间的"好色"趣味相互呼应。[3]基督教经典《圣经》中,夏娃出自亚

---

[1] 俞金尧:《西欧婚姻、家庭与人口史研究》,现代出版社,2014年,第222、249页。

[2] 李小江:《日本性别制度之由来与特点》,《清华大学学报》(哲学社会科学版)2022年第5期,第157—166、212页。

[3] "家的核心是家业""家名是家业的象征""神佛信仰是家的精神支柱",李卓:《"儒教国家"日本的实像》,北京大学出版社,2013年,第213、217、221页。

当身上一根肋骨,"第二性"之说事出有根;这与阴阳共生、各持规矩的女娲和伏羲完全不是一个概念。在欧洲,人的自我认知是"从欧洲男女开始追溯的,没有中国的氏族,没有祠堂,没有氏族村落,没有关系紧密的血亲群体……家族的力量会被强大的宗教、发达的经济和城镇、强势的领主和统治者所限制"[1]。在地缘文化的根脉上追踪,这与华夏族人的自我认知和早期中国性别秩序中的"别男女",不仅不同起因,也有不可比附的内涵。

> 规模巨大的中国……有两个主要成分。第一个特点是一切都是有关系的,结构化的,**每一部分都由A和B之间的关系组成,就像阴和阳一样。所以它可以无限扩展,是不可毁灭的**。第二个特点是,当它在侵略或革命的周期性大变动之后进行自我改革时,它都会回到**高度集中的等级制度**。[2]

显然,这里所说的两个特点,到位,却不能放之四海,的确是中国特有的。性别制度属于文明建设的基础性制度,各民族概莫能外;其间差异之根源,不在人的理念,主要在不同的生存环境即各不相同的地缘文化特质:

> **地理也许是造成这些差异最深处的原因**。河流、山脉、土壤和气候不会完全决定任何事情,但是它们会允许或者促进其中的某些特质。[3]

这是艾伦·麦克法兰的见识,因此我看他为同道。王子今用史

---

[1]【英】艾伦·麦克法兰:《文明的比较》,第81页。
[2]【英】艾伦·麦克法兰:《文明的比较》,第207页。
[3]【英】艾伦·麦克法兰:《文明的比较》,第117页。

料说话，有意无意间证实了这一见识，让远古时代华夏族群的性别秩序浮出历史地表，在地缘文明的大视野中依稀可辨，因此我看他是学业同仁。

祀与戎：谁持彩练当空舞？
——读王子今《中国女军史》[1]

> 赤橙黄绿青蓝紫，谁持彩练当空舞？
> 雨后复斜阳，关山阵阵苍。
> 当年鏖战急，弹洞前村壁，
> 装点此关山，今朝更好看。
>
> ——毛泽东《菩萨蛮·大柏地》

"国之大事，在祀与戎。"（《左传·成公》）

早期中国，国家大事一为祭祀，二为战事，两者都由男性主导，与女性似乎无大干系。对此认知王子今不以为然，他用一部厚重的《中国女军史》（以下简称《女军史》）对两项"国之大事"做了细致的性别分析——巧了，这与我长期关注的"女人与战争"问题正相契合，不仅为我已有的认识提供了丰富的史料取证，也为中国战争史研究开辟了一个可望拓展的新视界。

关于女人与战争的关系，我早有文章面世：《人类进步与妇女解放》（1983年）中谈到"女性的历史性失败"【恩格斯】，即早期

---
[1] 王子今：《中国女军史》，陕西师范大学出版总社，2024年。

文明社会中女性全面退归家庭生活，一个重要原因是部落战争向国家之间交战的转变。《性沟》(1988年)中讲到近代以来妇女获得解放的诱发因素，是各国妇女直接且全面参加了世界大战（如欧洲和美国）、侵略战争（如日本[1]）或民族解放战争（如中国及诸多"第三世界"国家）。因此，我把战争看作是决定人类女性群体命运的一个转折性历史诱因——我是带着这种预期阅读《女军史》的；读过，一点兴奋，一点遗憾：兴奋的是书中提供了早期中国女性参战的历史文献，与我的认知正向吻合；遗憾的是后劲不足，现代视野不够开阔，其叙事角度与我的心理期待不同方向。好在，我主持的"20世纪中国妇女口述史"（1992—2003年）中设有战争专题，抢救性地记录了1949年之前妇女参战的种种表现，以亲历者的口述为主，对《女军史》汇编的史料是接续，也是创新；从历史进程的发展脉络看，是拾遗和补缺——恰好成就了一部"女军史"的完成。

"兵之所自来久矣，与始有民俱。"（《吕氏春秋·荡兵》）不论哪个民族，女性在早期部落战争中从未缺席。各国神话传说中的女性神祇，无论"玄女"（《玄女兵法》）或"女魃"，还是希腊神话中的女战神雅典娜……都有其历史渊源，绝非凭空而生。《女军史》中有很多篇幅展现上古时期女性与战争的关系，刻意呈现"与始有民"之"民"中女人是在场的。

继而，领土兼并战争频仍，女性退居二线，各民族在文明初始阶段出现的史诗，从《荷马史诗》到古印度的《摩诃婆罗多》《罗摩衍那》，古巴比伦的《吉尔伽美什》，冰岛的《埃达》，等等，它们讲述的都是战争中男性的英雄故事。欧洲乃至整个西方世界，可追寻的史书也是从记录战争开始的。有必要指出：古希腊神话

---

[1] 参阅胡澎：《战时体制下的日本妇女团体（1931—1945）》，吉林大学出版社，2005年。

传说及至《荷马史诗》，与中国上古时期神话集成《山海经》一样，并非一时一人所作，故事人物不忌性别，处处可见女性的身影；而《历史》【希罗多德】[1]和《史记》【司马迁】一样，均出自男性史家之手，表明彼时女性已经全面退出了"历史"舞台——由此可见，早期文明史的转捩点上，女人退出战争是一个重要的风向标：从此，征兵与女性无关，兵书和战争史书中完全不见女性的印记；晚近出版的《古希腊罗马军事史》，全书没有一句与女性和兵士家眷有关的字句，甚至也没有后勤服务和辎重方面的内容，相关信息只一句话：罗马兵力衰减，因为"婚姻人数减少"导致"人口下降"。[2]这与《女军史》呈现的历史样态是相似的。父权制社会建立以来，"战争让女人走开"即成定论，女人因此"未载史册"似乎是天经地义的——于此，王子今的《女军史》不同寻常，对中国历史而言，它是补缺；对整个大历史的叙事立场而言，它是一个异类。洋洋洒洒数十万字，主题只有一个，即试图证明：从古至今，中国的战争史上女性始终是"在场"的——在这个主题下，作者的观点非常明确：从现代人的视角出发，以大量详实的史料为依据，为"女军"在公众视野中消失及其历史性的"缺席"讨公道。

为什么以"女军"为该书定名？

显然，战争与军事不完全是一回事。战争就是打仗，打起来了，有始有终，且被命名，是可以被量化的；军事不同，其泛指与打仗相关的一切人、事、物，在和平时期是一种待命状态，成为与"战争"相关的一个社会领域。长久以来，无论在战争还是在军事名下，女性都会"想当然地"被排除在外——

---

[1] 公元前五世纪希腊历史学家希罗多德的《历史》记述了公元前六至前五世纪波斯帝国和希腊诸城邦之间的战争，在西方被认为是最早的史书。因此罗马政治活动家西塞罗称希罗多德为"历史之父"。

[2] 【瑞士】莱昂哈特·布克哈特：《古希腊罗马军事史》，励浩丹译，上海三联书店，2018年，第41页。

殷墟·妇好墓前（河南安阳）

如果只取"政府征发的女兵"之定义，则历代女军人大都并不包容于此概念中，人们熟知的历代"娘子军"事迹也大多都将被否定……就现在我们熟悉的资料而言，女子戍边的情形如果确实曾经存在，大约也是未成定制的并不多见的例外。[1]

从1998年该书初版面世到这本增订版，作者和出版人为书名颇费心思，几番切磋后，最终在"女军"名下达成共识：所谓"女军"，不限于直接参军或参战的女子，而是从女性的角度对战争和军事活动做性别分析——《女军史》就是这样结构而成的：以有

---

[1] 王子今：《中国女子从军史》，军事谊文出版社，1998年，第59页。

案可稽的史料（包括古典文学艺术）和文献中的相关信息为线索，围绕着中国历史上历代战争/战斗或各种类型的军事活动，但凡有关女子的信息，蛛丝马迹，均收在此书中。

《中国女军史》主要有三个部分：第一部分勾勒**历史脉络**，从上古到近代，诸多史料碎片携带着影影绰绰的历史信息，为女性"在场"提供证据；第二部分展示的是女性与战事相关的**文化现象**；第三部分介绍**传统女军观**，非常重要，实则讲的是"中国女军"之所以然的历史背景，即意识形态的历史作用。全书看下来，其贡献主要有两点：一是史料的收集和甄别，大海捞针一般，应了"上穷碧落下黄泉，动手动脚找东西"【傅斯年】的真谛，数十年来，作者在各类文献的边角缝隙中探寻，拾遗，归类，集滴水为川流，在人类社会生活的汪洋大海中让（中国）"女军"初见阵容；二是史料的分类和排序，依托大历史的视野和训练有素的史学涵养，纸上谈兵，让"一地鸡毛"各自归队，在不可见的"女军"名下依稀可见沿袭有序的"史"的线索。藉此，它在性别研究的台基上开辟出了军事史研究中的一个全新领域，为后来者——无论其是否有阅读古文的能力和编撰古籍的学力——在该领域中有所建树铺平了道路。本书的缺憾，不在史料的真伪，主要表现在历史叙事的站位和价值观念：作者抱着"五四"以来男性知识分子同情女性的俯瞰心态，力图为女性在历史上的"贡献"伸张正义。凡例通篇，总在罗列（女性）"在场"的证据，难免会留下"为赋新词强说愁"【辛弃疾】的难堪——不怪，不苛求，因此看清了我自己该做的努力，希望我的读后感能在对应的方向上有所推进。

为了方便阅读，本文就这三部分内容导读如下。

历史脉络

上编主要呈现历史脉络,大致可见三个阶段。从世界范围看,这三个阶段并非中国特有,在人类文明的发展史上可谓"三段式",是共相。《女军史》以中国为案例,进一步证实了这一现象。

第一阶段的历史分期大体在上古社会,就华夏族而言,涵盖了整个"早期中国"。考古发掘证明,远在新石器时期中国已是村落遍布如"满天星斗"【苏秉琦】,从禹立夏朝(万族林立)到西周后期(千七八百国)再到始皇帝一统天下,"统一"是漫长岁月里无数兼并战争的结果。世界版图上几乎所有民族的历史都是从部落、氏族和部族社会过渡而来,相对封闭的区域里至今可能还保留着古时的样态。这个时期的共同特点就是多战事,参战者不分男女,如恩格斯所言,在人类文明早期,"部落联盟"等社会组织——

> 能够处理在这样组织起来的社会内部一切可能发生的冲突。对外的冲突,则由战争来解决;这种战争可能以**部落的消灭而告终**……氏族制度的伟大,但同时也是它的局限,就在于这里没有统治和奴役存在的余地。[1]

早期战争之惨烈通常达到惊人的程度。在"可能以部落的消灭而告终"的形势下,妇女积极参战不是制度使然而是理所当然。吕思勉曾经指出:"后世女子罕从征战,偶有其事,人遂诧为异闻;若返之于古,则初无足异也。"他引《墨子·备城门》说:"盖兵亦役之一,古役固男女皆与也。"[2] 其实,男女共同参战"保家卫国(族)"并不是早期文明特有的现象,在整个历史长河中,但凡在"灭族""灭

---

1 【德】恩格斯:《家庭、私有制和国家的起源》,《马克思恩格斯选集》第4卷,人民出版社,2012年,第174—175页。引文中的黑体为本文作者所加,后文亦同。
2 吕思勉:《吕思勉读史札记》,上海古籍出版社,1982年,第303—305页。

种""亡国"一类族群生死攸关的时刻,妇女参战势在必行。《女军史》提供了大量女子参战的实例,多在捍卫家园固守城池的"保卫战"中;更多更详实的案例则频繁出现在边僻地区的少数民族中,与上古时期部族战争的境遇是相似的。国内局部战争中,女子参战甚至成为带兵的首领,多出现在起义军的队伍里,大都是弱势族群或团体为改变生存处境"报团取暖"的"造反派"。整个中古时期直到太平天国以前,"女军"从未在正规军队中享有合法的一席之地——这是好事,还是坏事?是性别歧视,还是群体性的社会护佑?我看这是好事。就人类生存需求所凝成的常识而言,和平(而非战争)是人类共同祈盼的福祉。过太平日子,少与战争和战事牵连即所谓"安全需求"【马斯洛】,是世间所有生民最基本的需求之一;女子生而得之,该是得天独厚的福音。它之所以能够实现,基于制度文明相对完善的两个社会条件:一是天下太平少有战乱;二是父权制家庭的庇护,让女性能够在衣食无虞的前提下退守家庭,少受战事的直接干扰。在中国,这个制度完善的过程与秦王朝一统天下的进程是同步的。五代十国以后,江山王土相对稳定,天下基本太平,女子无关战事的说辞与历史事实大体吻合。可以说,千年岁月里,华夏女子得以安守家院(主内)、安心生养子女(传宗接代),是以上述两个条件为基础的,缺一不可。父系家庭体制和"男外女内"的性别分工,不仅是稳定社会的基石,也是女子能够整体性地退出战争的重要前提。

曾经,研究者的注意力多半汇聚在第一阶段,看世界同相:原始社会中妇女普遍参战……至父权制社会中女性全面退出战争,从"女性是否参战"的史迹寻踪进而探究"女性为何退出战争"的终极原因,说法不一,这些不是本文讨论的重点。本文的着眼点落实在第二阶段,跟前文[1]对早期文明底蕴的探寻是一致的,承前启后,有两个重点:一是中国女子与战争的历史关系具有哪些地域特征?二是这些特征是否与"三段式"一样具有普世性的认识价值?恰好,《女军史》提供的史料主要集中在这个长时段,它所呈现的地域特征与华夏民族特有的农耕文明息息相关,基于一个潜在却非常坚实的平台,即以(父系)宗法制家庭为基础的社会性别制度。正因为有了这个制度,从(战国时期)"兵农合一"[2]到(秦汉时期)男性通过"征兵""募兵"入伍并逐步趋于职业化,女性退居家庭与社会生产活动相对隔离的性别分工模式才得以成立。关于职业兵的研究,《女军史》中没有涉及,但是很重要,可以参考美国史学家大卫·格拉夫的研究成果。比较西方世界的战争史,格拉夫析出中国历史上战事之特点,有二:一是战争发生的阶段性,主要在两头(战国和近代);二是文官主导的政治体制致使"主和求安"成为社会民心的主导态势,打仗多半因为外敌入侵或内部动乱,迫不得已使然。他在总结中一再强调:"军事决定了中国的百姓是生活在一个统一、繁荣与(相对)和平的帝国之中,还是生活在一系列混战不休、饱受劫掠的侵袭的地区性小国之中。"相比于中世纪的欧洲,那里"没有一个西欧君主""掌握一支有组织、有文化的公务员队伍,能够在全国范围内处理财政事务"。因此格拉夫选择"中古600年(300—900)"这个战争频发的特殊时期做研究对象,试图从中找到中国古代社会安顿天下和处理战事的特点。在他看来,首先是意识形态的作用:"承自古代的神圣王权传统具有巨大的持久影响力,儒家通过道德榜样和适当的礼制仪轨

---

[1] 参阅李小江:《爬梳剔抉:在历史的缝隙中拾荒成金——读王子今〈古史性别研究丛稿〉》一文开篇。
[2] 蓝永蔚、黄朴民、刘庆、钟少异:《五千年的征战:中国军事史》,华东师范大学出版社,2001年,第22、71页。

来实现治国理想……'儒家价值观'的影响远远超出了宫廷范畴",遍及社会各个阶层特别是贵族阶层。

> 一个运转有效、实行文治的国家行政体系的存在……有助于确保中古中国不会发展出真正的军事贵族……在唐朝统一的变局之下,这些混血贵族的家族子弟中很快开始出现文官和饱学之士,而不再是武士。尽管中国中古时期战乱不断,但古代的文化遗产使得战争的军事意义与拜占庭帝国或拉丁化的西欧截然不同。[1]

"中古时期战争研究"中的一个长处,即对兵员之构成和兵源之由来有详细的交代:"战国晚期,男子几乎都要服兵役。"兵员的性别取向乃至定规,是在"国/家"制度的逐步完善中逐渐健全的。[2]"汉朝的兵役制度日渐规范",国家出面,以(家)户为单位抽"男丁"组成常设"军队"。[3]抽丁的方式因地因时而异,基点是一样的,即受国家律法保护的父系家庭体制和传承有序的子嗣延续:"'编户齐民'肇端于战国时期诸国授田制度的实施,到秦代则成为国家控制天下民众的最主要的制度。这种居民身份的变化深刻地影响着古代中国的历史发展。"[4]只要这种"家·国"关系是稳定的,职业化的男性兵员就会源源不断。士兵的家人和子嗣或军官的家业财产,因为有长年守家的女性家眷照应,士兵/军官心安理得,保证了他们在战场上赢得的荣誉和财富在国家的合法庇护中

---

[1]【美】大卫·格拉夫:《中国中古时期的战争(300—900)》,刘啸虎译,重庆出版社,2023年,此处引文出自第363、366、369、370页。

[2]"秦朝实行普遍征兵制,凡适龄男子都必须在专门的名册登记,即所谓'傅籍'。服役年龄通常在17到56岁。""秦汉时期的兵役制度经历了一个由秦代的单一征兵制,到西汉以征兵为主、募兵为辅,再到东汉盛行募兵制的演变过程。"蓝永蔚等:《五千年的征战:中国军事史》,第71页。

[3]【美】大卫·格拉夫:《中国中古时期的战争(300—900)》,第42页,第49页。

[4] 晁福林:《"氏族之人"到"编户齐民"——试论先秦时期社会成员身份的变迁》,《河北师范大学学报》(哲学社会科学版)2024年第1期。

世代相传。但是，尽管有这样的保障，民心所向却是相反的。在中国（与欧洲很不同），中古时期的战乱不仅没有强化军事政权，反倒促成了民间社会普遍存在的反战情绪，为宋代推行"文人执政"打下了坚实的社会基础，且影响深远：

> 晚唐的混乱局面引发了"厌武情绪"，并促成了"平民伦理"占据主导地位。这是一种对军人、军队以及所有与军事相关的事物的反感。从宋朝到 20 世纪，这一点被认为影响了中国人的态度和看法。毕竟，我们在宋朝才有了一句名言："好铁不打钉，好男不当兵。"[1]

站在这样的历史台基上，尽管王子今在各类史料中竭尽全力地收罗，《女军史》在"女军"名下的作为还是有限的。无论有多少女性参战的个案如星星点点蔓延千年，都无法改变"战争让女人走开"这一制度性的历史事实。中国历史上，自文明初始到近代，职业化的军人队伍里没有女性的位置——但是，女性与战争的关系并没有因此而终止，《女军史》全书都在证明这一现象。那么，接下来的问题就是：

——不在征兵之列的妇女为何参战？

——她们以什么形式参战？

最重要的问题有关意识形态和社会舆论：

——主流社会对参战妇女是什么态度？

——这些妇女的命运究竟如何？

《女军史》试图回答这些问题，在（第十一章）"女役"名下对此有专门陈述，将女性参与战事的行为和功德列举如下（273—287 页）：

---

[1]【美】大卫·格拉夫：《中国中古时期的战争（300—900）》，第 355 页。

"女役"形式之一：城守

"女役"形式之二：军事工程营筑

"女役"形式之三：军运

"女役"形式之四：军中炊事

"女役"形式之五：军用被服制作

"女役"即女性在军中服劳役，多为后勤保障，其中只有"城守"是直接参战的战争行为。书中明示：历史上"夫人城"的名号多次出现，有关故事不仅在民间广泛流传，也渗透到宽广的文化层面。寻根溯源，早期氏族部落战争中已有"城守"的痕迹，半坡遗址村落四周建造的"防卫沟"不是一个特例。[1] 中古时期，文人对女子守城参战多有记录，如宋代《梦林玄解》卷三《梦占·城市》："梦登夫人城，主兵戈。梦登江陵城，云长公筑，主克战功。"[2] 等等，不一而足。毫无疑问，城守是正规战的一部分："战争中有两类分明不同的作战状态，进攻与防御。"德国军事家克劳塞维茨甚至认为："与进攻相比，防御是一种较强的战斗形态。"[3] 这一相对保守的作战形式在中国战争史上频繁出现，反映了"**以防御为主**"的特点。[4] 《女军史》有大量史料举证和强调女子参与守城的史实，却无法改变一个基本事实：女子守城是特例而非常态。女子守城多为两类：一是边疆地区外族侵扰，二是少数民族地区频发的村寨保卫战。大规模的外敌入侵或内乱导致的正面战场上，妇女守城的现象并不多见。被主流社会记录并褒扬的参战女子，如"南国圣母"

---

[1] 蓝永蔚等：《五千年的征战：中国军事史》，第6页。

[2] （宋）邵雍纂辑，（明）陈士元增删，（明）何栋如重辑：《梦林玄解》，《续修四库全书》第1063册，上海古籍出版社，2013年，第674页。

[3] 【德】卡尔·冯·克劳塞维茨：《战争论》，时殷弘译，商务印书馆，1982年，第114页。

[4] 参阅钟少异：《中国古代军事通识课》第一讲"中国古代军事文化的成因、精髓和局限"，中共中央党校出版社，2022年。黑体为本文作者加。

冼夫人代夫领军，传说中花木兰替父从军……多是女子借夫家或父亲之名为"国家"出列的偶发事例，不能看作历史上的普遍现象。两千多年漫长的历史变迁中，中国女性（无计婚姻状况和年龄大小）基本上是在相对和平和安定的环境中生存和生活的。特别是到了明清时期，连"家兵合一"的卫所也逐一取消了，各地都不同程度地呈现出女性生计和职业的多元化趋势，女性的精神生活也更加丰富多彩，江南"女才子"群体的出现就是有说服力的一例——是好，是坏？毋庸置疑，这是大好事，是我们在重说中国历史和重塑中国妇女史的时候特别值得重笔书写的篇章。"一个真正参加过战争的人是不会夸耀战争的。"【海伦·洛根】[1]但是，赞扬和褒奖勇敢参战保家卫国的女性，一直是所有民族/国家及主流社会极力推行和倡导的；在中国，正史和方志中的"列女传"因此成为她们名垂史册的专属之地。

回看《女军史》所录的这一时期史料，一个有趣的现象被王子今捕捉到了：直接参与打仗甚至做到首领的女性不乏其人，绝大多数都出现在农民起义军或"叛匪"的队列中——很显然，生计艰难或民族危难是迫使女子弃家从戎的主要原因，与"古役固男女皆与也"【吕思勉】异曲同工。《女军史》不仅汇编此类信息，对女子"在场"持续追踪；更难得的是，它辑录了那些在史册中隐匿不见的随军女子，试图解开蒙蔽在主战场背后的层层面纱，让所谓"女军"在鸡零狗碎的军务杂役中显露出些许真实的模样，如第十八章所陈列（385页起）：

"妇人""补兵"

罪犯"诣边戍""妻子自随"

---

[1]【美】海伦·洛根：《美国的女兵》，乐山译，人民日报出版社，1987年，第29页。

"军妻"与"军妇"

"营妓"和"营倡"

"军伶":军中女乐

作者将她们统统列在"特殊身份"名下,就正规部队而言,不错;但是从军事和女子的角度看,她们并非特殊,而是军中的"常在":无论战时还是在相对安定的和平时期,随军女子始终伴随着军队而存在,和军队一起移动,她们与男性兵士有不同职能,却是军中和战争中不可缺少的组成部分。

> 中国古代军队的构成,有复杂的形式……军队中有与军人同样体验军事生活的身份特殊的女子……大约罪人妻子编入军队,曾经是长期通行的制度。这些妇女究竟"何以处之",我们只能借片断的记载进行历史分析。现在看来,其作用,似乎并不只是"充厮役之事"。[1]

依据不同类型的史料进行比对,作者认为:"军队中裹挟妇女是相当普遍的情形。"如杜甫《三绝句》之三"殿前兵马虽骁雄,纵暴略与羌浑同。闻道杀人汉水上,妇女多在官军中"[2]就记录了这样的情形。在"军妻"与"军妇"一节中,作者强调:被迫随军的妇女需服事多种杂役。所谓"老妪力虽衰,请从吏夜归。急应河阳役,犹得备晨炊"[3]一类,未必都与"军妻"身份有关,但她们很可能恰恰是人数最多、最常见的随军女子。军中这些女子须臾不可或缺,却在人们的视野中长久被遮蔽,很少有人能够得知其

---

[1] 沈家本《历代刑法考·刑法分考八》指出:"陈同。"又按:"子可为兵,妻乃妇女,其补兵者不知何以处之,抑第充厮役之事欤?"转引自《中国女军史》,第385—386页。

[2] (唐)杜甫著,(清)仇兆鳌注:《杜诗详注》卷一四,中华书局,1979年,第1241页。

[3] (唐)杜甫:《杜诗详注》卷七《石壕吏》,第529页。

真相。因此，我看这些女性的作用及其生存状态在日后续写"女军史"的时候尤其值得挖掘和大书特书。

《女军史》的时间下限截至清末。清末民初这个时段，正好是"三段式"第三阶段的开端，在女人与战争的历史关系中非常重要。它的一个主要特点，与早期文明史的特征一样：妇女广泛参战，但结果却是相反的。早期战争导致妇女全面退出社会生活，而这一阶段的妇女参战无意间成为全球性"妇女解放"的一个转捩点。我在"20世纪（中国）妇女口述史"《亲历战争》一书的导言中对此有详细表述，于《女军史》是接续，也是补充：

> 比较历史上战争中的妇女，20世纪中国女人参与战争的深度和广度都堪称史无前例。战争中的女人不只是送郎当兵，不只是坐守空房；而是身先士卒，直接参战。自1910年代的辛亥革命、1920年代的北伐战争、十四年抗日战争到三年国内革命战争，女性参战人数越来越多，范围越来越广。[1]

战争，对20世纪上半叶的中国女人而言，不是一个事件一个时段，而是她们曾经的生活内容或生活环境。由逃避战乱到主动参战，由个别人的选择走向女性的群体动作……无论底层还是中上层妇女，无论文盲还是知识女性，都有可能通过参战走出家庭、走上社会、走向解放。通过亲历战争的女人的口述，我们得以深入了解妇女在战争中的作用。不可否认，她们的位置和作用很像是传统女性角色的延伸，诸如吃喝拉撒、洗衣、做饭、征粮、扩红、救死扶伤、宣传、支前、被服厂……即所谓后勤，细微，琐碎，重要，

---

[1] 李小江主编：《让女人自己说话·亲历战争》导言，生活·读书·新知三联书店，2003年。

却不受重视，不被记录，不见经传。参战队伍中，越是正规的部队中越是不见女性指战员的影子，国民党军队中女性将官始终少见。早期红军中有不少女指战员，在抗战的正规队伍里就十分罕见。可见，战争体制同常态下的社会管理体制一样，越是规范的便越是男性中心的，这也是我们日后在做战争史或军事史的时候需要格外留心的部分。

文化现象

第二部分（中编），作者试图跳出一般史书共有的历时性叙事走向，突破线性思维模式，在文化层面上展现女人与战争的深层关系。文化具有顽强的生命力和传播力，跨时代甚至跨越长时段，可以延伸到各不相同的社会领域。原生的文化形态具有鲜明的地域性，大小事项都能反映出"一方水土"蕴含的世故人情。作者于文化名下深入发掘，在正史之外让我们看到了更多的历史画面：

> 我们对于"女军"的讨论，许多信息来自不同文献中保留的资料。可知以往知识人对于女子参与军事生活和战争实践的历史文化现象，其实**未曾忽视**。有一些文化史文献的内容，体现了对"女军"比较集中的关注。（468页）

作者从各类史料中提炼出了一些有代表性的现象，不厌其烦地考证其由来，挖掘其内涵，在文化层面上做出梳理，仿佛引线，方便后人寻迹追踪。

首先是**名称**。"名不正，则言不顺。"（《论语·子路》）遗憾的是，历史上对参战女子的称谓多半"不正"，如（第九章）"女寇""女匪""女贼"……统统可以囊括在"女祸"名下，这与历史上从军女子多在造反义军的队列里有关。对正面战场上出现的军中女子，正史中从不在"军事"名下专列，大都被收录在各地方志的《列女传》中，与"烈女"并称，被看作家族和地方的荣耀。

其次是**女巫现象**。

中编"女军史的文化考察"专章讨论"女巫"，在军事行为名下揭示其对战争的多重作用，如"女巫诅军""炙杀""舞刀"表演等等。这些女巫集"祀与戎"于一身，多发生在早期部族战争中，具有浓厚的迷信和宗教色彩。作者以"女魃""玄女"为例，认为"她们在黄帝军事生涯中带有神秘色彩的表演，或许可以看作早期战争中女巫的作用的一种曲折反映"。[1]

世界各国早期文明中都有女巫出现，处置方式却大相径庭。欧洲史上有猎杀女巫的残酷运动[2]，在人类精神史上发挥过重要作用的"女巫"在中世纪毁于一旦。相比较而言，王子今的认识在当代中国史家中是共识，具有鲜明的中国特色：

> （早期中国）女巫在与凶灾和死丧相抗争的活动中，是寄托着取胜的期望的神格与人格兼于一身的代表。她是战斗者，也是牺牲者。女巫的神力，一部分是因这种悲壮的演出而生发出来的。（300页）

作者提示："女巫的社会文化职能，在先秦文献中已经多见记载。"（297页）之后的正史文献和民间笔记中女巫的身影黯然退出，并不是集体"诛杀"的结果，不妨看作女性全面退出社会生活之一例，仅"在一些民族学资料中还可以看到若干遗存"。（323页）

---

[1] 王子今、张经：《中国妇女通史·先秦卷》，杭州出版社，2020年，第28—29页。
[2] 参阅【意】西尔维娅·费代里奇：《凯列班与女巫：妇女、身体与原始积累》，龚瑨译，上海三联书店，2023年。

第三点是"**妇女好兵之风**",在历史上非常普遍,"好兵""爱武"的行头和装饰乃至行为方式,在历代女子中常常成为一种时尚,一直沿袭到当代。20世纪60年代毛泽东写《七绝·为女民兵题照》:"飒爽英姿五尺枪,曙光初照演兵场。中华儿女多奇志,不爱红装爱武装。"这种现象在中国古已有之,在世界范围内却不多见。各国军书中少有为女军人设专题的,新编《中国军事史》将(商王武丁的王后)妇好称为"没有军职的女统帅"[1],这在世界军事史上也不多见。

> 从民俗史考察的视角,可以发现妇女好武,曾经是历史时期不同阶段的社会风习……在有的历史条件下,一些女子好兵爱武的性格倾向,对于当时时代精神的形成,确实曾经成为重要的因素。这种民俗史迹象,有时表现为区域个性与民族个性,但是也成为总体文化风貌的构成内容。
> (351页起)

京剧中的刀马旦即为典型的一例。1990年4月我受乐黛云先生邀请去北京大学讲学,午餐桌上她第一次提出了"刀马旦"现象,问"这可是中国历史上特有的现象?"自此,我对这个问题一直保持警觉和关注。《女军史》将此现象提升到民族文化的认知高度,让我们在如此这般的世故人情中看到"一方水土"特有的地缘文化品质,与华夏民族战争史上"以防御为主"的特点不无关联。

传统女军观

本书的下编,是作者对中国社会中长期存在的"**女军观**"的归纳和总结,主要有三个内容(作者列出四个,其中"艺术"可

---

[1] 蓝永蔚等:《五千年的征战:中国军事史》,第18页。

归纳在第二个内容中），分别有不同的起因和传播空间，自古至今，影响深远。

其一，"**男女有别**"的性别观念根深蒂固，在民间意识中占主导地位。湖北云梦睡虎地秦简《日书》和甘肃天水放马滩秦简《日书》中都列有"牡月"和"牝月"以及"男日"和"女日"，与《论衡·讥日》中所谓"刚柔相得，奇耦相应，乃为吉良"，即强调男女各司其职以求"阴阳调和的出发点"是一致的。[1] 作者认为："中国古代普遍流行的女子不利于军事的观念，正是在这样的文化基础上生成和扩衍的。"战国秦汉时期的民间礼俗中已经出现了对妇女从军持否定倾向的内容，如《商君书·垦令》中严格规定"令军市无有女子"[2]，与所谓"秦俗多忌讳之禁"[3]是一致的。这种意识基于神权，起于民间，是后世所说"军中有女气难扬"的源头。[4]（405页）

其二，"**双性化**"的舆论空间，以文化精英为主要操刀手，通过俗文学和民间艺术的渠道广泛传播。古典文学艺术中，咏史怀古的歌咏绘画里多有表现女军的内容，诗词曲赋中也不乏涉及女子从军的作品。作者逐一分类列举，如敦煌文书中的《李陵变文》、徐渭所作《雌木兰》杂剧、《初刻拍案惊奇》中的"妖""淫"唐赛儿、《水浒传》中的女将如"一丈青""母大虫""母夜叉"……又如《红楼梦》第七十八回《老学士闲征姽婳词，痴公子杜撰芙蓉诔》中谈到女子从军，引出贾宝玉作《姽婳词》称赞林四娘守城捐躯：

---

[1] 刘乐贤：《睡虎地秦简日书研究》，文津出版社，1994年，第69—72页。
[2] 高亨注译：《商君书注译》，中华书局，1974年，第27页。
[3] 贾谊：《过秦论》，《史记》卷六《秦始皇本纪》，第278页。
[4] 清代嘤西复侬氏、青村杞卢氏的《都门纪变百咏》，是记叙庚子前后义和团运动期间京津地区情景的竹枝词。其中描写"红灯照"的内容有"军中有女气难扬"句。王利器、王慎之、王子今辑：《历代竹枝词》，陕西人民出版社，2003年，第3485页。

> ……
> 贼势猖獗不可敌，柳折花残实可伤。
> 魂依城郭家乡近，**马践胭脂骨髓香**。
> 星驰时报入京师，谁家儿女不伤悲！
> 天子惊慌恨失守，此时文武皆垂首。
> **何事文武立朝纲，不及闺中林四娘！**
> 我为四娘长太息，歌成余意尚徬徨。（439页）

王子今认为，《姽嫿词》中关于女军作战的描写是有史实根据的，并非文人凭空虚构。贾宝玉的诗文出口即招来一片喝彩，可见上层社会对"女军"的态度，可圈可点：既有正面讲述女子从军的故事，又有"马践胭脂骨髓香"的惨烈描述；在赞扬林四娘的同时顺带嘲讽了满朝男性文武官员，与中国古典文学中历代男性文人借弱者女声强势发言的双性化（androgyny）特质如出一辙。[1]

其三，"**女祸论**"在主流社会占据主导地位，对"女戎"持否定态度。作者指出，古代文献中可见的"女戎"说法多指因女子引起战乱危机等现象，未必与"女军"直接相关，间接地影射与女子有关的武装行为、军事生活和战争灾难。因此，主流社会对"女戎"始终保持警惕和批判的态度，这与整个社会以儒家思想为导向的性别观念是一脉相承的。《国语·晋语一》中史苏向大夫列举历史上的诸多教训，曰：

> 昔夏桀伐有施，有施人以**妹喜女焉**，妹喜有宠，于是乎与伊尹比而**亡夏**。殷辛伐有苏，有苏氏以**妲己女焉**，妲己有宠，于是乎与胶鬲比而**亡殷**。周幽王伐有褒，有褒人

---
[1]【美】孙康宜：《独行的缪斯：自传、性别研究及其他》，广西师范大学出版社，2022年，第354—356页。

以**褒姒女焉,褒姒有宠……周于是乎亡**。

史苏断言:"乱必自女戎,三代皆然。"韦昭注:"戎,兵也。女兵,言其祸犹兵也。"[1]作者进而解释:这里所说女祸导致的政治危害犹如"兵""戎"军战,可导致王朝覆亡。后人政论史论用"女戎"之说,亦往往言及战争史上的教训。(464页)这种论调和这种看法在中国历史上其实一直是占主导地位的。溯其说之原始文本,这里可见一斑。

史家作文,在史料铺陈之后总会说到思想观念即意识形态的作用,《女军史》也不例外。但在现实生活中,思想观念和意识形态其实不是用作垫底的,而是个人行为和社会行动的不二指南,怎么强调它的重要性都不过分。站在今天的高度宏观地审视,在世界范围内,对女子与战争的关系主要有两种看法,出发点或许都是同情女子或支持男女平等的,观点却相互对立。

一种相对传统,认定"女性是战争的受害者",战争理应让女人走开;另一种是现代的,认为女子参军打仗是"妇女权利"的重要标志,极力张扬女人在战争中的历史贡献。这两种认识其实都有一定的偏差,都是特定时期的意识形态使然:前者以"女人,你的名字是弱者"【莎士比亚】为认知基础,在男性主导的社会领域中居高临下地俯瞰所有的女性。它的失误,就在它忽略了"人人平等"的现代原则在战争领域中也是有效的。父权制社会中男性即兵源,从生命的角度看,男性在战争中"受害"更为直接、深重和普遍,并且受到社会鼓励和奖励,"贪生怕死"这种正常的反应因此在道德上被赋予负面评价。后一种认识多半出自女性主

---

[1](春秋)左丘明撰,徐元诰集解,王树民、沈长云点校:《国语集解》(修订本),中华书局,2002年,第250—251、256页。

义学者，看"战争是政治的继续"【克劳塞维茨】，主张女子和男人一样上前线打仗，各兵种和各军阶中都应该有女性的位置——相比而言，我倒是认同二战中美军远东部队司令贝尔德将军的说法："说句老实话，女兵的贡献虽然是很大的，但是她们所遭到的困难比贡献更大……只能在万不得已的时候才可以使用女兵。"[1] 所谓"万不得已"，一如早期部落战争和晚近的反法西斯战争，不仅关乎民族和国家存亡，也有关人类社会的道义责任，女人参战，义不容辞。

---

[1]【美】海伦·洛根：《美国的女兵》，第47页。

从学问到人生：将"现代"轻轻地揉进传统

——读孙康宜《独行的缪斯：自传、性别研究及其他》[1]

这么厚重的一本书两天就看完了，好看。

接着看了《孙康宜文集》（以下简称《文集》）第二本、第三本……读书，也是读人，"现代""传统"这些个字眼一并跳出来，瞬间将心绪激活了，从陌生到熟悉，任思路在注满温情的字里行间游荡，真心想跟她说些什么：想说我们的同与不同，想让更多的人认识她了解她，最想借助她的文字与她对话，以期通达**我们一代华人女性浸润其间的传统和我们身在其中的现代**。

孙康宜，女，1944年北京生人，1946年随家人去了台湾，1968年留学美国，1982年就职于耶鲁大学直到退休。她是卓有成就的华裔汉学家，专修中国古典文学，兼作散文和杂文。她的论文长于"情"的历史叙事，字字都有温度；她的杂文应时而作，针砭时弊自述见解；她的散文缓缓地抒写出绵绵情丝，承载着她刻骨铭心的生命记忆——她像是同时做着两种努力：**让幼时亲历的苦难在奋力博进的岁月里化作滋养生命的甘泉，将强势的西方现代意识轻柔地带进中国传统文化视界**。她用沉甸甸的《中国历代

---

[1]【美】孙康宜：《独行的缪斯：自传、性别研究及其他》，广西师范大学出版社，2022年。

女作家选集》（英文）[1]让隐匿于历史文献中的女才子在海外现身发声，为寻踪的后来者铺路引航——这种兼收古今的涵养，不仅是她的行文风格，也是她做人的格调。对此，读书人早有认识，看她"注重于从现代性的视野下凝视中国古典文学的传统性变革，即作家如何在不同的时代下对政治、历史乃至自身的内心进行书写的流变过程"。《文集》导读写到：她的研究与"传统的中国大陆主流古典文学研究不尽相同，而是更接近西方学界主流研究范式——将话语分析、心理分析、性别研究与文体研究理论引入古典文学研究范畴"[2]。导读强调她的学术思想之特点，有两个方面：一是性别视角，二是将现代文论方法引入中国古典文学研究——其实，这两点在当代汉学界是常态和共相，两个方向上都有更出色的学者和著作，并非孙康宜之特有。我看孙作的学术价值，主要不在学问本身，而是**作者以"有情之笔"【王德威】在人云亦云的学术风向中依托"良知"和"常识"道出种种人世间的真性情**。她将身为女性的生命直觉植入社会认知和学术判断，在"政治正确"（PC）的屏蔽中从容不迫地展示出一个个看似不那么正确的真实想法，像是我的同道。坦白地讲，与她对话我有私心，因为无论观念还是行为，我总是偏离那个高调"正确"的轨道，一意孤行在不被众人看好的崎岖小路上。因此，我看她以"独行的缪斯"自称，同情，且认同。

1995年3月受孙康宜的邀请我去耶鲁讲学，熟人多，蜻蜓点水走过，没有时间跟她深入聊天；直到读她这本书，相知恨晚。

---

[1] 孙康宜、苏源熙合编：《中国历代女作家选集》*Women Writers of Traditional China*（Stanford: Stanford University Press, 1999），63位汉学家投入此项编译工程。全书共891页，收入从汉代到晚清200多位女作家的作品，包括一些男作家对女诗人的评论（第719—806页）。

[2] 韩晗：《徜徉于古典与现代之间——〈孙康宜文集〉导读》，《独行的缪斯：自传、性别研究及其他》，第10—11页。

从她的自传中得知，我们两人学术起步的台基相似，都是英语语言文学，路径却是相反的：她去了美国，转向以历史文本为研究对象的中国古典文学；我该去欧洲求学时却因故未能成行，[1] 在社会的大田野中为（中国）妇女研究探寻和发掘活水源泉。道路不同，冥冥之中惺惺相惜，总能在一束光亮——女性/性别研究——里相互观照。正是在文字的观照中，我看到了**华人女性在精神上相近的体验和在情感世界中趋同的追求**。

首先是对女性主义（feminism）的态度。我们在不同的世界里从不同方向发现它，认识它，欣赏它，介绍它，如她所肯定的："凭良心说，学院派的激进女权主义者也并非全无贡献。就因为她们多年努力的成果，才使女性在学院中形成了与男性权威抗衡的力量，而终究使妇女在知识及政治上达到了真正的平等与自由。"（231页）与此同时，对激进女性主义的政治姿态我们都有出自本能的反感和抗拒："许多女权主义者已渐渐体验到，过分地强调两性抗争会使自己沦为性别的囚徒。"她觉察到"女权主义"这名词已渐渐被改成"女性主义"，以为是因为"权"已不再是争论的重点（213页）：

> 现在她们是在"颂扬"女性的自觉与自由，而不是在提倡反抗男性的政治行动……在经过三四十年的努力之后，女性已渐渐由边缘的位置走到稳定而居中的位置上。在这种情况下，原来所谓"女性权威"的激进女权主义者反而被大众女性推向边缘之边缘；原因是她们否认女性的"多样性"选择，而且继续把自己看成是被男人压迫的受害者。（214—215页）

---

[1] 1987年我任教的郑州大学有一个去牛津大学做访问研究（一年）的公派名额，校长会议通过指派我去，我却因为刚刚启动主编"妇女研究丛书"不得不放弃了。

其实，无论在理论上还是现实生活中，女性主义并没有发生太大的改变，它的二元论理论基础始终不曾被撼动，它的批判指向依旧是政治学（而非人类学）意义上的父权制；因了单一化的性别路线，难免株连到整个男性世界。孙康宜有很多文章介绍女性主义，自20世纪90年代至今，她不断追踪美国女性主义"在地的"变化、异化、激进乃至缓和的步伐，甄别它的阶层属性和地域化特征，巧妙地从中撷取有用的资源。但是，她从来没有一味地追随女性主义风潮，对激进派不依不饶的斗争姿态并不看好。她写女人的故事，做妇女文学批评，但凡涉及自己的观点，她只说性别研究，从不拿"主义"用作分析工具——同样，我在妇女研究理论前沿常常孤军作战，却从不认可"女性主义先驱"的荣誉称号，对一元化的意识形态和二元论的认知方法始终保持高度的警惕。我以为，**在确立了男女平等的法权社会里，女性主义理当做出相应的调整。尤其对学者而言，女性主义可用作分析工具，不该用作攻讦他人的武器**。做历史研究，有必要还原父权制的人类学品质，把它看作文明史上一种客观存在的性别制度，而不是单一（男性）性别迫害异性的权杖。从文字中可见，孙康宜是认同这种看法的；不同的是，她笔下的女性主义只是一种对象化的存在，与她探究的古典文学和古代文人并不发生直接的关系。在她的世界里，说的最多的只一个字：情——与李泽厚晚年提出的"情本体论"一拍即合，相互印证。以中国为出发点，李泽厚在哲学高度伸张"情"的普世价值：

> 我提出的**情本体**或者说人类学历史本体论，是一种世界的视角、人类的视角，不是一种民族的视角，也不只是中国视角，但又是以**中国的传统**为基础来看世界。所以我

说我是"人类视角,中国眼光"。[1]

难得吻合,孙康宜就是"以中国的传统为基础来看世界",用大量古典文学的经典文本为实例证明"情本体"的精神价值。她说:中国人是最重"情",也是最希望从"情"里摆脱出来的人。很多古代文学作品为文人自觉"约束情欲"所作,如张衡的《定情赋》、蔡邕的《静情赋》、曹植的《静思赋》、阮瑀的《止欲赋》、王粲的《闲邪赋》、应玚的《正情赋》、阮籍的《清思赋》以及陶潜的《闲情赋》,都企图以"发乎情,止乎理"的弃绝淫邪的方式来对付情(207—208页)。她自己的文章也同样,从论著《情与忠》[2]到评说《廊桥遗梦》(459—464页)……在《乐府补题》白莲词组的考察中加入唐明皇与杨玉环的爱情寓意,因为杨贵妃"具有人情才较白莲略胜一筹",白莲花因她而获得"生命的芬芳,更加美丽动人"。[3]她的诗词解构,一边客观地剖析历史上男性文人的精神生活,一边对应着现实社会中女性的情感世界,无论"正确"与否,笔下通融,让男人的"情爱"与女人的"爱情"相互勾连,于古于今,那些个难见天日的"私情"都能在她的文本中寻到自在的伸展空间。

> (曹雪芹)一遍一遍地改写《红楼梦》使他更加生情,更觉旧梦难忘。他既迷恋那一段痴情的生涯,又竭力用虚无梦幻的态度来否定自己的体验,可见宿命的情缘只要在有生之日总是难以超越的。**中国人的情观也正好建立在"迷惑"与"醒悟"的矛盾上,他们很难超越情**。(211—212页)

---

[1] 李泽厚在《人类学历史本体论》(上卷:《伦理学纲要》,人民文学出版社,2019年)中有《关于情本体》(2004)和《情本体、两种道德与"立命"》(2006)专文讨论。引文中的黑体为本文作者所加,后文亦同。

[2] 孙康宜的第三本英文专著:*The Late-Ming Poet Ch'en Tzu-lung: Crises of Love and Loyalism*(中译《情与忠:陈子龙、柳如是诗词因缘》)。

[3] 【美】孙康宜:《长亭与短亭:词学研究及其他》,广西师范大学出版社,2022年,第294、295页。

这段文字实在漂亮!

无论她的论文还是散文,总将"情"字铺满纸面。她这里,说的多是相向而生的男女之情,与矛头外向的女性主义批评不在一个场域内,与任何单一的性别取向都不同立场。王德威看她的文笔是"有情之笔",真是点到了穴位。她在古典文学研究中的独到之见和主要贡献,并不是将现代与传统嫁接(当代汉学家大都在做这件事),而是借西方的"现代"乃至"后现代"为平台,极力拓展中国古典文学在当代世界中的审美空间,主要有两点。

一是**她的"双向"(two-way)影响说**:"一般人总以为西方的文化理论可以为中国文学研究带来崭新的视角,却很少有人想过中国文学的研究成果也能为西方的批评界带来新的展望。"(328页)借助高彦颐等一批女性汉学家的研究成果,她特别指出:"自古以来中国文人就流行着一种表彰才女的风尚。有才的女子被称为'女史''彤管''女博士'等。可以说,世界上没有一个文化比传统中国更注重女性的文才了。"(336页)

其二,她身体力行现身说法,一边组织发掘、汇编、翻译历代女才子的诗文和相关评论,一边深入分析古典文学中男女互补、"声音互换"(cross-voicing)的大量实例,(335—337页)用以揭示中国传统文化不同于西方文化的特质及其所长。在这个方向上,她可以说是竭尽全力,在力所能及的范围内从全新角度深入地诠释古典文学乃至传统中国社会中特有的人情味,展示其"发乎情"且能"止乎理"的人格道德力量。她将魏晋时期的"清流说"延伸到明清诗媛与男性文人的合作关系中,在"清"的诗学名下揭示中国古典文学的**双性化(androgyny)特质**。[1]

---

[1] 【美】孙康宜:《性别与经典论:从明清文人的女性观说起》,原为1999年4月28日东海大学第五届吴德耀人文讲座专题演讲。参阅《独行的缪斯:自传、性别研究及其他》,第354—356页。

即使谈论两性之情,她说的也是男女诗文在精神领域中的和谐互补,文化品质其实是一脉相承和相通的,与女性主义"被看"批判和后现代"镜像"理论完全不在一个轨道上。她能理解美国学院派女性主义秋风扫落叶的批判立场,却不能赞同任何人用权力关系对古典文学中的男女关系做颠覆性的讨伐。一方面她看"情"是中国男性文人创作的内在"动力",与女性是不可切割的;[1]同时,她在文本的追踪分析中发掘"情"之超越自我和两性关系的精神品质,与身份、地位和迫害无关,不过是通过书写在审美领域中实现的自我"解脱";

> "如何摆脱情的迷惑"因此就成了千年以来的中国文学的主题——从《高唐赋》到《红楼梦》,在在都表现了男性在这一方面的经验自省。中国人的超越方法常常是因情悟空,相信摆脱诱惑的最佳良药是向情让步,去彻底经验它,然后再从中解脱出来。(224页)

以历代女才子丰硕的作品为依据,她质疑那些"反'男性欺压'这个老掉牙的问题的发难者",坦言:"如果有所谓'欺压'的话,整个问题也是男女共同造成,彼此营塑传下。"[2]从对古典文学和文化的研究心得出发,她在多篇文章中反复申诉:传统中国男女之间的"权力"分配,不能用"压迫者"和"受害者"的二分法来简单阐释。(342页)因此,当有人问到"西方女性主义理论是否适合研究中国古代的女作家"时,她的回答非常干脆:"恐怕有许多都不适合。"她认为,历史上,"中国没有西方那样的女性主义

---

[1] 孙康宜:中国人是最重"情",也是最希望从"情"里摆脱出来的人。因此,"情"与"不情"一直都是中国文化里两个平行共存的动力。《独行的缪斯:自传、性别研究及其他》,第207页。
[2] 【美】孙康宜:《女子无才便是德?》,载《中外文学》1993年4月号。

运动的背景,要把女性主义理论完全拿过来是并不妥当的"[1]。以明清妇女文学的繁盛为例,她公开告诫:

> 今人应审慎检讨往昔女性文学,切莫以偏概全。现代女性主义者尤应注意:所谓"男女分野"的观念,不一定吻合明清文化实情,更何况其时种种意识形态也不是用"男女问题"即可概括。[2]

她这番言论与我的看法如出一辙——我们从不同领域不同的方向出发,不谋而合;在我,收获的不只是一个惊喜,还有遥远的支持和无以言表的慰藉。对孙康宜而言,她的性别研究,与主义无关,就是历史上那些真实地存在于男女之间的情感世界,有词和诗作证。她笔下的女人是有血肉有温情的,非常具体,就是她的母亲、婆母、女儿和诸多女性亲友。我也同样,"将我逼上妇女研究道路的,不是社会,不是十年浩劫,也不是职业,而是女性的生活道路,它几乎可以看作是一件自己的私事"[3]。在我的生活中,男人从来就不是一个对立的性别群体,而是我身边的同事、学生或友人,是父亲、兄弟、儿子、孙子,还有丈夫和情人。他们同我们(女人)相似,有这样或那样的缺陷和不足——那又怎样——无论怎样,我都不会以伤害(包括语言的攻讦)他们任何人用作壮大自我的筹码。同孙康宜眼中有情有爱的世界一样,我笔下的人间社会也不是男女斗殴的战场,而是在艰难的世道中和合共生、互助搏命的难友。面对历史,孙康宜侧重在古典文学文本中展现古代女性丰富多彩的精神世界。我的努力在今天,挖掘、

---

[1] 【美】孙康宜:《长亭与短亭:词学研究及其他》,第545页。
[2] 【美】孙康宜:《长亭与短亭:词学研究及其他》,第373页。
[3] 李小江:《家国女人》,南京师范大学出版社,2012年,第7页。

征集和汇聚有关女性的各种文献和历史遗存，为女性的知识积累和思想接续建成了全覆盖、可传承的学术研究基地。[1] 我看女性的历史自有所长，女性的表达方式与日常生活融为一体，自成文章；只有从"女性文献史观"[2] 出发，才能看到它独有的价值和独特的魅力——不期在这个方向上，我在孙康宜的文本里有意外的发现。她的回忆录中，对母亲无比尊崇，对婆母（二姨）赞誉有加："二姨特别善于针线艺术。我经常想，她一生中所创作的许多精彩的针线作品也可说是一种'女书'。"她当然知道"女书"是湖南江永一带妇女特有的书写文本，借题发挥，她用"女书"一词象征妇女们的心声和创作体验：女人时常把自己的心声写在纸扇上，缝在衣服上，绣在手帕上，用自己最拿手的艺术"语言"做最直接的抒情表达，章章句句都带有真实的关切，是女性特有的生命见证。（165—166页）以二姨为例，即使移民美国，她仍在波士顿的家中书写她的"女书"，不断用爱心来处理生活，其实生活本身就是她的"女书"——如此认知，与我力推的女性文献史观和相关努力遥相呼应，让人喜出望外。

孙康宜的散文和杂文大多应时而作，对当下发生的（主要是情感领域的）社会现象和（主要是汉学界的）学术动态给予及时的回应。比如"政治正确"（PC），她有多篇专文谈论："有史以来第一次我们看见女性和少数族裔能与主掌文化、社会、经济的白种男性平起平坐。可以说，这一切代表着美国立国精神的胜利。"毫无疑问，在政治立场上她是支持 PC 原则的，因为她自己也在受益的（少数族裔）群体中。同时她也客观地指出：一些激进的行为

---

[1] 详见本书"附录"：女性/性别研究奠基工程：史料汇聚及场馆建设。
[2] 详见本书《文献的性别：女性文献史之经典与解读——读（清）王初桐〈奁史〉暨郭海文主编〈从女性文献史观出发：《奁史》新解〉》一文。

和以偏概全的举措,使其"基本精神与原则失去了广大民众的尊重"。她居中陈词,相信它所表现的缺陷及它所引起的反挫只是暂时的,"因为政治正确性毕竟是符合世界潮流的,它的产生反映着社会意识的重大转变"(324页)。她对社会现象的批评多半是温和的,留有回旋的余地;但是,对学术问题她毫不含糊,不会用模棱两可的说辞敷衍塞责。20世纪70年代以来,西方学界风向大转,各种新思潮风起云涌。20世纪90年代后现代主义成为主导思潮,后殖民主义批评和女性主义比肩而行,冲锋在前,成为"政治正确"的主要代言者。美国汉学界中,周蕾(Rey Chow)是一个代表,在《妇女与中国现代性》(*Women and Chinese Modernity*,1991)一书中,她将(上述)两个"主义"的锋芒对准了一个集合性的目标:"西方""男性""汉学家"——她说:西方人多是以"物恋"的方式来研究中国传统文化的,"汉学家在对中国传统和本国本色执迷之中,缺乏的却是对现代中国人民的经历的兴趣"[1]——一些知名的男性学者应声躺枪,有口难辩。身为华裔亦为女性,处在北美汉学界前沿阵地,孙康宜的发声不仅是学术的,也是政治的:

> 周蕾对美国汉学界的批判具有一定的启发性,它至少促使人们改变一些看问题的方法。但我认为这个问题还可以讨论得更深刻,也可以从不同角度来看,才不致于落入"以偏概全"的陷阱。[2]

这段话简洁,平实,却非常到位,针对的不是哪一个具体的

---

[1]【美】孙康宜:《长亭与短亭:词学研究及其他》,第276页。
[2]【美】孙康宜:《"古典"或者"现代"——美国汉学家如何看中国文学》,载《读书》1996年第7期,第116—120页。

观点，而是"以偏概全"以左为正的学术风向。这不仅是汉学界的尴尬，也是女界长期存在的问题。此前，面对众口一词、矛头外向的女界斗士，我常常是那个站出来说"不"的人。没有料到，美国汉学界中公开发出质疑的是孙康宜，站在浪潮风口，敢于申明己见，秉实主持公道，着实难得。我看周蕾的文字亦有同感，笔锋如刀锋，过瘾；但是，在"语不惊人死不休"的快感中会有隐隐的不安——那是什么？不想是孙康宜给出了答案，她在龙应台的散文集《我的不安》[1]中看出端倪，得出一个结论，"那就是：龙应台是个充满了'不安'的文化批评者，因此她也会带给读者各种各样的'不安'"。（419页）一句话点醒了我。1991年底我在海德堡大学讲学时巧遇龙应台，离开德国前她邀我去法兰克福附近她家小住。楼上楼下，她揣着大大小小诸多问题跑上跑下，不分昼夜地提问；听我讲大陆女人的"好"，她难以理解，抛出无数诘问和反驳并不容辩解。说实话，我喜欢看她风风火火的样子，喜欢她利索的文字，也喜欢她的敏锐和直率……那一时间，听着看着，不争辩，却隐隐不安。龙应台在大陆是受宠的。遗憾的是，粉丝的簇拥很难换来她的同理心，像是我们一代"愤青"的代表：端起碗来吃肉，放下筷子骂娘，扼不住的戾气通常与吃饭无关，多半出自"难以理解"，携带着一股难以平复的怨气……听着笑着，理解她，心生怜惜。相比，孙康宜是"温良"【辜鸿铭】的，很中国，很传统，很传统中国，仿佛出逃北美的民国名媛再生。1946年孙康宜举家迁台之后不久"二·二八事件"即爆发[2]，其父无辜蒙冤入狱10年，她与母亲在高雄林园乡下相依为命。从6岁时她的父亲

---

[1] 龙应台：《我的不安》，台北时报文化出版公司，1997年。

[2] "二·二八事件"又称"二·二八起义"，发生于1947年2月28日，是台湾人民反专制、反独裁、争民主的群众运动。

坐牢十年到她 24 岁赴美留学，孙康宜曾经长期生活在白色恐怖的重压之下。可是，她的回忆文字里没有丝毫怨气和戾气，她将书写苦难的过程看作"自我追寻和自我反省的过程"，在"超越"的高点上重新塑造一个更加完整的自我：

> 我原来以为从前幼时所遭遇的患难是我生命中的缺陷，但现在发现，那才是我的心灵资产。我感谢早期那段艰苦的人生历程，是它让我在成长中提前成熟，也让我在缺憾中找到了完整的自我。（自序 16 页）

她用英国作家巴特勒（Samuel Butler）的诗文[1]为苦难解蔽，将化险为夷、化苦水为甘泉的能力用于古典文学分析，在明清寡妇诗人的文本里找到了超越性别的道德力量。她认为，女性在实际生活中所拥有的道德力量，并非来自现代女性所强调的那种"强权"意识，而"主要来自一种发自内心的道德信仰和对人的包容态度"（489 页）。具体到那些失去丈夫的女人，她说："对许多明清妇女来说，守寡的生涯虽然艰苦，它却含有许多正面的意义。一个丧夫的女子，只要她把活下去看成一种自觉的选择，就可以给寡妇生活赋予极其丰富的内容——她虽然不再扮演妻子的角色，她却成为更加德高望重的母亲，可以充分发挥许多从未想过的伦理热情，从而积极地证实自我价值。"（501 页）因此，她敢说：

> 从某一个角度看，明清寡妇是一种"性别遗民"——与男性的"政治遗民"一样，她们不幸失去了自己的"皇帝"，却终于找到了自己的声音。那是一种超越性别的文学声音，

---

[1]【英】塞缪尔·巴特勒（Samuel Butler）："苦难出诗人，也许只有缺憾和挫折，才可以造就出，一个杰出的诗人。"转引自《独行的缪斯：自传、性别研究及其他》，第 493—494 页。

一方面制造了某些不同于传统的东西，一方面又丰富了传统的文人文化。（512页）

看到这样的文字，惊愕，欢喜！从当时当事人——守寡、守贞的女人——的立场出发，她的理解不是居高临下的同情，而是深入肌肤的认同。

我所谓的"道德力量"（moral power）指的是中国传统女性在逆境中对自身高洁忠贞的肯定，从而获得的一种"自我崇高"（self-sublimation）的超越感。换言之，这种"道德力量"的意识经常使得中国古代的女性把生活中所遭受的痛苦化为积极的因素，进而得到一种生命的力量。（514页）

在我看到的古典文学女性主义批评文本中，从未看到如此有情、有据、有穿透力的文字。不同于通常基于同情的阐释，她为她们辩护：那些在父权制社会中失去了"可依靠的男人"的女性，**她们该怎样活着，并且还要活得有尊严？**她在寡妇诗人的文本里探寻她们的心曲和心智，看到她们在"书写"中找到"自我崇高"同时"受人尊崇"的精神力量。这些言论这种做法在女性主义看来都不那么正确——可见，**这世上原本就没有一个唯一正确的"政治正确"，只有换位思考，将"现代"轻轻地揉进传统，不伤历史，不伤历史中人，才可能在还原历史真相的同时提升历史认识的精神品质。**

孙康宜是走出政治迫害和生存苦难的"过来人"，从6岁到16岁，正值一个女孩子的清纯岁月，她在多重压力下求生求学，深知险境（包括人性之险）中"活着"【余华】之艰难。在台湾，孙家是外省人和本省人共同组织的家庭，她的父亲落难后全仗母亲的家人伸出援手。王德威的"序言"厘清了孙家的身世和曾经的苦难，认为"家族的力量应该是让孙家撑下去的原因"。于此，孙康宜有自己的解释："奇怪的是，当父亲不在家的那 10 年间，尽管政治迫害不断给我们带来许多生活上的困境，但自小我的心里却是乐观而平静的。我以为自己虽然活在不幸的时代里，却有一个幸福的家庭。我想这是因为母亲不断给我们一种爱的启蒙的缘故吧。"（37—39 页）她说，人世间，"我最佩服我妈了，我佩服她凡事不顾一切、勇往直前的精神。若不是有她那种坚持的性情，我们一家人不知要如何度过那一段苦难的日子"（62 页）。得益于母亲勇往直前的精神力量和家族的相互扶持，孙康宜不仅坦然走出了白色恐怖的阴影，也走出了"吞恨"的隐痛，在记录苦难的同时，铭刻在心的是"仁爱与自尊"：

> 孙康宜以她父母亲的经历，记录了一个不义的时代，却也是一个**有情**的时代……政治的激情有时而尽，**伦理亲情的曲折绵长**，反而成为记忆现代中国历史的另一种资源。从吞恨到感恩，这是孙康宜给我们的启示。[1]

"有情"自有源头，在她的学术文章中成为一种风格，在她的生命旅程中凝结成一种基调，怎一个"化干戈为玉帛"能够轻松带过？往事，提供的不只是历史证词；更重要的，是历史事件引发的追记和当事人的思考——对此追踪，才能在阅读历史文本的同时看到"别有洞天"——我看这是历史研究不可或缺的思想资源。回忆录中，她有一段关于"沉默"的文字让我久久不能释怀。说到父亲受难，她说："令人特别感伤的是，他们那一代的人似乎总

---

[1] 王德威为《走出白色恐怖》写的"序言"。【美】孙康宜：《走出白色恐怖》，生活·读书·新知三联书店，2012 年。

是被迫在冷酷的政治面前永远保持沉默……因为极度恐惧而养成了凡事沉默的习惯。"延伸到自己,她有反省,一如既往地将逆境中的困苦化作积极向上的力量:

> 关于这种"沉默",我自己后来也学会了……除非不得已,绝对不向人说有关父亲被捕的事……它使我长期在沉默中培养观察周围的能力,使我较同龄的人来得早熟。问题是,对整个时代历史来说,许多重要而复杂的历史真相也都因为这种集体的"沉默"而随之被遗忘了。(23—24页)

从受难者个人无奈的沉默,到一代人在历史灾难面前表现的集体沉默,也不是一个"迫害"所能概括。看她这段文字,想到我的父辈和他那一代红色革命者的集体沉默:我曾试图"一个一个"采访他们,斩获甚微,是因为打开话匣子的钥匙其实并不完全掌握在"个人"手中。同样是沉默,有海德格尔至死不悔的自主选择,有侵华日本兵回国后的集体失声……也有20世纪60年代学生运动领袖们各不相同却一致选择的免谈:在海德堡那条著名的"哲学家小道"附近,我领教了当年德国学生运动领袖沉默的话语;在武汉桂子山下美丽的校园里,我亲身感悟到文化大革命初期红卫兵"司令"沉默中的寓意。说到底,我自己也同样:几十年风风雨雨,惊涛骇浪中总该喊上一嗓子的,我却选择了沉默——为什么?即使我有一支能说话的笔,却永远不会让它"言无不尽"——为什么?为谁报信、报什么信以及报信给谁……有一系列待解却可能是无解的问题,如维特根斯坦所说:"对于不可说的东西我们必须保持沉默。"[1] 可见,沉默不是一件简单的事,不单纯是压迫、

---

[1] 【奥】路德维希·维特根斯坦:《逻辑哲学论》,贺绍甲译,商务艺术馆,1996年,第105页。这里所谓"不可说的"无关具体的人或事,是指在逻辑世界中自我显示却无法自证的"神秘的东西"。——本文作者注。

失语和记忆问题，不只是被动和无奈之举，也可以是一种自主选择。选择沉默并不困难，难的是自愿做"报信"[1]的人，如孙康宜，打破沉默，书写《走出白色恐怖》——**她的书写就是"报信"**，用不可抹去的文字为苦难和受难者树碑立传。

文字是打破沉默的一种方式，比语言更坚实，更长久，更利于传播。语言，则是孙康宜人生道路上一个有故事的节点，承载着生命体验中的切肤之痛，在学术层面上很值得深究。我在这里刻意提示，也是给未来"报信"，期待后学在"语言社会学"或"语言政治学"的方向上继续跟进。

《走出白色恐怖》第十章题为"在语言的夹缝中"，讲述她从出生地（北京话）到台湾（"国语"）再到林园乡下（夹杂着"国语"、闽南语、日语）所亲历的"语言身份""语言政治"乃至"语言歧视"带来的困扰，直到最终她在审慎的沉默中自觉选择"失语"：

> 我曾经是台湾"省籍矛盾"的受害者，当时我一直活在语言的夹缝中。在那个年代里，语言变成了族群的、政治的表现方式，而我那不寻常的背景（父亲是外省人、母亲是台湾人）又更加把我推向了两难的语言困境。

她说："用现代文化研究的术语来说，我当时简直得了'失语症'。我发现自己在逃避母语，而远离母语的方法之一就是开始日夜啃读英文……1968 年我移民到美国之后，更是整天都在说英语，这才完全摆脱了从前的语言焦虑，也才享受到随意表达思想的自由。"（82—83页）这段说辞不同寻常。寻常的例子，是看重母语在自由表达中不可替代的作用；她的故事是反向的，在中国人生活

---

[1]《圣经·约伯记》："唯有我一人逃脱，来报信给你。"

的土地上,无论使用哪一种母语或方言,都会将她带入身份困境中难以自拔。对亲历的苦难她能平静地讲述,唯独说到这里,心中的隐痛难以平复:

> 关于台湾人所经历过的语言压迫感,我比任何人都要了解得透彻……然而我以为,语言的反抗也和语言的压制一样的非理性,两者同样是不自由的表现。而且,一来一往地继续斗下去,只有换来更多的不自由。套一句弗雷德里克·詹姆逊(Fredric Jameson)的话说,那种政治心态只会把语言变成人类的"牢笼"(prison-house)。(86页)

这段话说出来像小结,是迟到的抗议,也是向善的建议。遗憾的是,恰恰是语言问题,使任何建议和主张在"身份/政治"牢固的关系中都难有作为。语言,不仅是交流的工具,也是身份符号,**一种语言一出口就是一个人的身份证,一个地方的口音或方言也一定携带着那一方水土与外部世界的恩恩怨怨,解困是难的**。相关的理论书不少(如索绪尔的语言学,在不同语言的交集中看到"战争与和平"的楔口[1]),但是,能够用作案例的生活故事却非常有限。此前,我在达斡尔作家映岚的《边缘人》中看到了生动且令人信服的讲述——孙康宜和映岚同为女性——似乎只有女性才能在生活细节的描述中拿出这样"接地气"的文字。反观自己,我也是走南闯北的人,说一口南腔北调的普通话和乱七八糟的英语行走天下,却很少感到语言的局促,因此看她的文字不由我不想:语言、母语、外语乃至方言,为什么在我的生活中没有成为一个"问题"?

---

[1] "语言事实的传播,跟任何习惯,比如风尚一样,都受着同样一些规律的支配。每个人类集体中都有两种力量同时朝着相反的方向不断起作用:一方面是分立主义的精神,'乡土根性';另一方面是造成人与人之间交往的'交际'的力量。"【瑞士】索绪尔:《普通语言学教程》,高名凯译,商务印书馆,1980年,第287页。

深入访谈或社会调查都是要说话的，可是，无论在国内不同地区还是在海外不同国家，语言不是我的"阿喀琉斯之踵"（Achilles' Heel），从未成为难以逾越的障碍——为什么？是"局外人"的身份将"身份问题"化解在形而上的学术空间，利益和利害关系暂时都被悬置了的缘故——可见，**语言中内含的（社会）"身份识别"与使用语言的（个体）"身份认同"是并存的**。一个高度同质化的社会可以将语言用作内外"甄别"的工具，任何个人也可以让语言的通达成为"融入"异质族群的便捷通道。当然这都是题外话了，留出一条引线，方便后人追索。

反身自问，这是我从孙康宜那里借鉴的经验。20多年前，孙康宜看我的《关于女人的答问》，对比自己，她说：

> 诚如李小江所说："妇女研究领域中有无穷无尽的'问题'诱惑你去'解题'。"这本书无疑成了不断触发我的想象的"诱惑"——我反复问自己，一直生活在不同世界的我，面对书中这许多问题，会有怎样不同的答案？（410页）

今天，我看她的书，面对她的文字和书中的她，我该做出自己的回应。

从女性的角度看，我们生性都热爱大自然，相信自然造化的神力不可抗拒。不同的是，她是有信仰的。她是虔诚的基督徒，"每见花之一开、电之一闪、水之一瞬，就自然会感受到'刹那即永恒''一沙一世界'的禅意"（283页）。而我是直接从大自然中获取信仰的力量，半生日子里远离喧嚣，与南北东西的山山水水相伴而居。

从同为母亲的身份出发，我们都爱自己的孩子，但是对待"家"的态度却完全不同。她的自传中记录的多是家人之间的亲情和互助,尽管在北美生活,她依旧是那个传统中国的女儿、妻子、母亲,分外讲求和珍惜亲情、人情、爱情——因此,我羡慕她,难过的岁月里她有母亲和亲人相伴,我却总是住校生,尽管父母双全且同为红色后代,我的记忆中却少有家庭生活和家人特殊的关爱。她对家人和友人一往情深,念念在心;而我的家人对我的一致抱怨是"六亲不认",有家的屋檐下我的常态是独处独行。

幼年身处险境和困境,生来不易,她因此珍惜所有到手的善缘;与她相反,我这大半生总在放弃,……"放弃本身也是一种选择"【狄更生】,为了在"求索"【屈原】的道路上走得更远。相比她的"有情之笔",我的文字多是无情的,犀利,常常不留情面,难得通融。在众多海外华裔友人中,表面看我们很不同,但在精神世界里我们是相似的,因此能在"超越"的同一个境界里不期而遇。正如伍尔夫所说:超越苦难,超越幸福,超越岁月也超越年华,超越民族/国家的边界和政治/政权之抵牾,也超越人生的成功或失败,在生为女人且身为母亲的生存底线上守住了独属于自己的一片天地(而不仅仅是"自己的一间屋")。

她那里原本收藏着"一颗红豆",如今已变成"一粒麦子"[1],播种成就的滚滚麦浪,如她所说,"生命历程是一条死而复生的道路;一个人必定要像那粒种在土里的麦子一般,必须经过土里腐烂、破碎、挣扎的过程",才能得到"重生"——死去活来,生生不息,我看它不单纯是信仰,是奉献,更是**世世代代有幸能够做到"母亲"的中国女人最平实、最坚韧、最了不起的人生观和幸福观。**

---

[1]《圣经·新约》:"一粒麦子不落在地里死了,仍旧是一粒,若是死了,就结出许多籽粒来。"引自《独行的缪斯:自传、性别研究及其他》,第132页。

圣诞·生日礼物（孙康宜家人拍摄，美国耶鲁大学，2023年平安夜）

孙康宜长我几岁，感觉她比我年轻很多。30年前看她，那还真是年轻啊：得体的正装，讲究的修饰，加上一水浓艳的色调搭配，与我闲适散漫的风格相去甚远。初见她时，我看她很有些小女人气，像是祖国大陆那些永远长不大的文艺女青年，因此有意避开了深入了解的机会。错失，是我的损失。如今看她的书，坦白认错，坦诚对话，恰逢她的80寿辰将至——想，就拿这些文字作一份贺礼，捎带着我的敬意和歉意，祝愿她：依旧存留那份受难前6岁女孩子纯真的童心、八十年代女学人自强不息的进取心，"80后"女人永不褪色的爱美之心。

附录

"女性/性别研究"奠基工程暨史料汇聚及场馆建设

曾经，女人及女性的活动少受史家关注，相关资料难得进入正史和主流文献汇编。半个多世纪以来，"女性/性别研究"渐成气候，缺少的不是现代理念和批评工具，而是历史研究的基本元素：史料。

史料是一切研究的基石【高世瑜】。

着手史料汇聚及相关工作，是女性/性别研究唯一可能踏实落地以期可持续健康发展的学术基础；舍此，论说无根。

在女性/性别研究领域，我的工作大多与奠基有关。作为先行者，我在史学上的执着探索主要来自实践中的痛感。20世纪80年代，起步之难，难在做"无米之炊"。现成可用的资料极其匮乏，每个研究者几乎都是从一无所有开始的，不得不在浩瀚的古旧文献中逐一爬梳如大海捞针。这不是一时一地的困境，而是历史性的疏漏使然，敦促日后我将很多精力和时间投放在无人驻足的基础建设中：挖掘、征集和汇聚有关女性的各种文献和历史遗存，组织编撰相关的研究成果，40多年持之以恒，最终选择了以陕西师范大学女性研究中心为平台，为女性的知识积累和思想接续建成了一个全覆盖、可传承的学术研究基地。

- 20世纪80年代主编"妇女研究丛书"奠定本土研究的学科基础。
- 20世纪90年代主持"**20世纪妇女口述史**"抢救出几代女人真实的声音。
- 2002年"妇女文化博物馆"在陕西师范大学（陕西师范大学教育博物馆二层）落成。
- 2018年"**女性/性别研究文献资料馆**"在陕西师范大学女性研究中心揭牌。
- 2019年在陕西师范大学女性研究中心名下建立"**女方志馆**"。
- 2020年建成接续历代《列女传》的"**新列女文库**"。
- 自2018年起主编"**乾·坤：性别研究文史文献集萃**"系列丛书。

妇女文化博物馆

1992年开始筹建的"妇女文化博物馆"于2002年在陕西师范大学落成。

妇女文化博物馆（前厅）

本馆在女人的故事、江永女书、织物上的历史、生育文化、妇女民间艺术、嫁衣六个专题名下展出 2000 多件藏品（包括女书、刺绣、剪纸、花馍、字花被、生育工具、民俗物件和婚嫁礼品等）。由学生志愿者团队自行管理和讲解，有序换届传承，外界参观者络绎不绝，成为女性文化寻踪和教育的常设性平台。

妇女文化博物馆（嫁衣展厅）

女性 / 性别研究文献资料馆

2018 年"女性 / 性别研究文献资料馆"正式揭牌。

内设：（1）中文书库

（2）外文书库（以英文为主；东亚专柜里设有"日本专题"）

（3）古籍珍藏柜（中国古代典籍；19 世纪到 20 世纪初英文版原著）

（4）"20 世纪（中国）妇女口述史"档案库

（5）20 世纪 80 年代"妇女研究运动"档案库

"20 世纪（中国）妇女口述史"部分录音磁带（已全部转录电子音频）

关于中国妇女研究的部分日文书

女方志馆

2019 年 4 月 18—20 日在陕西师范大学召开的"性别制度与方志研究"学术研讨会上，《中国女方志》作为一个延伸课题的提出，得到与会者一致支持。作为有别于传统地方志的新领域，"女方志"的命名也获得与会专家的认可。

"性别制度与方志研究"学术研讨会（2019年4月，西安）

自此，有关"女方志"的文献征集和实地考察正式启动，"女方志馆"也于2019年9月在陕西师范大学女性研究中心（陕西师范大学教育博物馆西侧一楼）正式挂牌。

内设：（1）县域（女性）方志资料

（2）县域（性别）考古资料

（3）女性（包括夫妇）墓志铭拓片档案柜

女方志馆（陕北·米脂县·米脂婆姨）

女方志馆·女性（夫妇）墓志铭（拓片）

新列女文库

以近现代以来杰出的女性人物（包括对中国妇女发展事业做出贡献的海外人士）为主题建立长久存续、对外开放、可持续发展的新型文献资料库。2020年9月，"新列女文库"在陕西师范大学女性研究中心正式获批挂牌。

附录 "女性/性别研究"奠基工程暨史料汇聚及场馆建设 / 169

新列女文库·"民国女校"专题

内设：（1）"民国女校"专题

（2）"铁姑娘"专题

（3）"女知青"专题

（4）新中国女性英才专柜

（5）新女性自传（我的人生）

"乾·坤：性别研究文史文献集萃"系列丛书
（李小江主编，陕西师范大学出版总社出版）

曾经，女性存在的历史信息，碎片般地散落在"史记"的缝隙里或散失在"社稷"的边僻角落。编撰这套丛书的一个主要目的是拾遗补缺：但凡透露出性别制度的古老讯息，或承载着女性文化遗存的历史印记，汇集在"乾坤"名下，想人间男女俗事，与天地共一血脉。

"乾·坤：性别研究文史文献集萃"部分已出版的著作

代跋
谈谈性别研究的基础理论问题

对本质主义的批判是后现代主义的核心任务之一，引领西方学界 20 余年，直到世纪交接，如台风吹过，山河依旧，风暴扫荡过的残垣颓壁上留下的多是"延异"产生的各类后现代垃圾，无需刻意清理，它们自生自灭在丰饶的学术园地，已经化作滋养精神的肥料或思想前行的铺路卵石。

今天谈本质主义仿佛一个末日话题。在跟风多年后，中国女性学界也有觉悟：女性主义追随后现代主义对理性、客观性、本质、真理等范畴的彻底解构，以及对稳定的主体身份、性别甚至女性等范畴的否定，实际上是从根本上瓦解了女性主义存在的前提。"当后现代女性主义者借用后现代工具盖起一栋理论大厦，快竣工时才发现大厦建在了沙滩上，这使她们进退维谷。"[1] 身在学界、女界，对我而言，"女性本质主义"不是悬在海外的高深理论，是一顶实实在在的帽子，

---

[1] 王淼：《后现代女性主义理论研究》，经济科学出版社，2013 年，第 90—91 页。

外产内销,不由分说地扣在头上。时至今日20多年,余波微澜,见风就有浪,是因为在我们这里,女性本质主义批判影响了整整一代女性学人,它造成的理论迷失至今没有得到必要的清算。整个20世纪90年代,后现代话语主导潮流,一时成为中国诸多西向学子奋力追逐的时尚——我是在这个时候被人扣上了这顶不那么光彩的帽子。人云亦云者众,不辨其理;很多人根本没有读过我的书,也不知道所谓"女性本体"究竟何物。追风,对众多刚刚加入女性主义队列的年轻学人而言,可以理解。让人费解的是我本人的反应:我从来没有为这顶帽子感到委屈或做任何辩解,恰恰是在大批判的风口浪尖上,坚守"质"的前置性研究和客观性原则,对"女性本质主义"有两次明确的回应。

第一次是在1998年北京大学百年校庆国际研讨会上,我提交的论文是《妇女研究"学科化"进程中的若干问题》,强调学科化的起点是"质"的界定;后现代的碎片化取向以及它对一切"质"的解构,无形中设置了一些理论障碍——不跨越这些障碍,学科化建设难以起步。面对来自四海的女性主义学者,针对追风成习的中国女界,不留情面:

> 今天,后现代风潮下,反本质主义的啸叫正在成为本质主义的变种:说到"质"就过敏,反劲十足,像精神的流浪无产者,着实可以颠覆既成天下,同时也颠覆了自己可能建设的家园……反本质主义并不是女权主义的原创,它是从男性学者那里借来的武器。问题是:男人在几千年社会文明的基础上建构了自己的"本质",反、反思、反省都能有的放矢;你反,反的是什么?反男性中心的本质主义倒也罢了,而今我们见到的却是自我拆台的闹剧,自己抽空了妇女研究学科化的基石。[1]

满座学人,发言之后,只乐黛云先生一人正面回应。茶歇时候她特意寻来告诉我:"你谈到了当下最重要的理论问题。"

---

[1] 李小江:《妇女研究"学科化"进程中的若干问题》,1998年6月21日在北京大学百年校庆"促进21世纪妇女学科建设"国际会议上的发言稿。

第二次是2012年夏天在南京大学高等研究院主办的国际学术会议上，我与美国学者汤尼·白露（Tani Barlow）有一次公开对话。白露教授对我的研究持续20多年，在她那本影响广泛的《中国女性主义思想史中的妇女问题》[1]中有专章评议"李小江的市场女性主义"（the Market Feminism of Li Xiaojiang）。我在对话中将错就错，坦然认同"本质论"立场：

> 海外早有学者批判我的"本质主义"（Wang Zheng, 1998）。[2]我没有反驳，因为我不认为这个定义本身有什么错误……如果一定要在女性主义范畴内被界定，我更倾向于接受"本质论女性主义"这个定义，代表作就是《性沟》——这本小书完成于1988年，旨在申明一个常识：两性差异基于自然理应顺应自然，两性社会差异已经建构成为历史并将继续影响人类社会。20多年过去，这些认识没有丝毫改变，反而更坚定了。只要自然的性差异存在，只要自然差异随时可能造成社会层面或私人生活领域中的歧视，本质论的女性主义就有它的普世基础和认识价值。[3]

道理早在明面上，无需赘言。时过境迁旧话重提，是否值得？

对主流学界而言，不值；对中国妇女研究而言，值得——认识到这一点是最近的事：疫情爆发，困守家中，正好有时间系统地阅读这些年来堆积在案的妇女史专著和文章。引婷教授来信约稿，想以"笔谈"的方式让我对女性本质主义问题作出"像样的"回应。我很犹豫，几番回避；直到重读美国汉学家季家珍（Joan Judge）的《历史宝筏：过去、西方与

---

[1]【美】汤尼·白露：《中国女性主义思想史中的妇女问题》，沈齐齐译，上海人民出版社，2012年。

[2] Wang Zheng, *Research on Women in Contemporary China*, in Guid TO Women's Studies in China, ed, Gail Hershatter, Emily Honig, Susan Maun, and Lisa Rofel, Berkeley: *Institute of East Asian Studies*, University of California, 1998.

[3] 李小江：《对话Tani Barlow：关于20世纪80年代"妇女研究运动"》，载何成洲、【美】王玲珍主编《中国的性/性别：历史差异》，生活·读书·新知三联书店，2016年，第105—113页。

中国妇女问题》[1]，才决定就此问题认真响应。

《历史宝筏：过去、西方与中国妇女问题》以古代文献中的女性传记为线索，在精神层面上勾勒出中国妇女精英阶层的心路进程，与我今天正在构建的"女性文献资料档案库"异曲同工。此书结语部分对新世纪中国妇女的精神走向做出预测，将李小江的本质主义问题放在中国历史沿革和全球化的认知框架中重新定位，敦促我从一个全新的——承前启后——角度反省这个看似过时的话题。书中断言：

> 李小江对西方女权主义思想的选择性引用，以及后来对中国妇女运动之独特性的论断，都建立在古典现代派文化融合的概念之上，但也对它提出了挑战……**清晰地回答了20世纪初古典现代派和当下主义者**[2]**在妇女问题的辩论中悬而未决的两个基本问题。**

这两个"基本问题"，用季家珍的话说：

> 首先是困扰晚清时期新型女杰的**两难问题：是接受还是拒绝"妇女"身份**。……致力于研究女性的独特身份。她不畏所谓本质主义的指责，甚至因为担心女性问题的特殊性而拒绝"性别研究"这一概念……李小江比20世纪初的女作家更公开地关注女性的身体存在，她也较少受到女性身份和国民身份双重责任的困扰。**她的事业是毫不含糊的女性事业。**

难得她将"身体"看做首要的基本问题，更难得的是她对所谓"本质主义"的准确描述，海内海外，这是唯一。因此，她对第二个基本问题即"全球化"与"国家差异"的表述也很到位：

---

[1] 【美】季家珍：《历史宝筏：过去、西方与中国妇女问题》，杨可译，江苏人民出版社，2011年，第264—275页。以下引文均出自该书"结语：从20世纪初到21世纪初"。

[2] 在此书中季家珍定义："古典现代派融合了中国和西方，将中国古代典范和西方女杰的特点结合在一起。"（270页）21世纪初出现的"当下主义者继续运用本土文化资源，但他们用西方意识形态的语言重新改写了中国女杰的故事……最有力的一个例子是2001年的多媒体艺术作品《国殇：广列女传》。"（272—273页）

李小江像她的古典现代派前辈，而不像她那些反对资本主义的同龄人，她并不反对全球化……虽然她认为妇女问题从本质上说是普世的，但她也认为**国家差异就像性别差异一样深刻**。因此她细心地区分了中国和西方女权运动产生的历史政治背景，并在语言上谨慎地对待这些差异……她认为"封建历史"是嵌入在国情中的"珍贵历史"，有着自己独特的力量。她承认，**与这段历史失去联系就意味着失去我们自己**。

正是在这两个基本问题上，季家珍道出了我与西方女权主义在理论和立场上的根本分歧。同时，她也认为："1995 年在北京参加联合国第四次世界代表大会非政府组织论坛的代表们承认，李小江所强调的中国和西方经验的差异使西方女权主义的国际霸权地位面临挑战。"[1] 挑战，其实是双向的。对中国的一统天下，女性主义的介入本身就是挑战；同样，对妇女研究领域中女性主义一统天下，"发出中国妇女的声音"也是挑战，因为它明显地有别于西方的声音。只是我和我的那些海外朋友们都没有料到，我们这些以不同方式"毫不含糊"地投身于"女性事业"的同路人，在学术研究领域分道扬镳；分歧就在对"女性人"的质的认识，因此导引出了完全不同的研究路径。

西方世界，性别认知以《圣经》为平台，夏娃由亚当而生，"女人——第二性"的说法有它难以撼动的神学基础。《第二性》出自法国女作家西蒙娜·德·波伏瓦的 *The second sex*（1949）。20 世纪 80 年代我向国内推介女性主义，就是从翻译《第二性》开始的——正是从这里开始，我与 feminism 保持距离，基于一个不能忽视的认识论问题：生为女人，我们该如何认识自己天赋的身体以及人类历史构建生成的性别差异？汤尼·白露的书中强调李小江与波伏瓦在理论上的相似性以证明女性主义的普世性；[2] 可是，在回应文章里，我谈的是分歧：

---

[1] 详见【美】季家珍：《历史宝筏：过去、西方与中国妇女问题》。以下引文均出自结语，第 272 页。
[2]《中国女性主义思想史中的妇女问题》导论，第 5 页。

> 我和波伏瓦最重要的分歧，就在对待"自然"和"历史"的不同态度。因此，波伏瓦那句名言"女人不是天生的，是生成的"，我只能认同一半。在我看，女人（women）的确是后天生成的，女性（female）却是天生的。我不认为女人成为"第二性"（the second sex）全然是男性意志主导的结果，而宁可看它是人类历史进化中一个必然的阶段。在我这里，"天生"和"生成"不是二元对立关系。我认为，只有在尊重自然的基础上客观地认识历史，女人（男人也一样）才可能在有限的选择中有效地把握自己的生命和人生。[1]

"第二性"的说辞在基督教世界生根，在全球范围广泛传播，与女性主义的传播是同步的。女权运动的兴起与法国大革命中"第三等级"的平等诉求同期同步，具有高度的同质性。后现代女性主义的理论基石，恰恰是西方世界中以启蒙为核心的现代主义运动，源远流长，长达3个多世纪。借助西方话语和西方中心价值体系主导世界百年有余，女性主义因此有其雄厚的学术资本。今天，女权运动成果丰硕，妇女解放已然从根底上改变了整个人类社会的生存状态。但是在全球范围里，今天妇女获得的解放并不都是女权运动的成果，绝大多数女性人口的所属地域也不在西方世界。与非西方的女性直接相关的种族、阶级、文化差异和民族问题，很长时间里都是女性主义的盲区；但是却不乏盲区中的追随者——为什么？就因为"主义"的意识形态力量，在"女性"（female）名下可以让全世界的女人结成性别统一战线——吊诡：女性主义者极端反对"女性本质主义"坚守的自然属性（sex），实则恰恰是 feminism 难以撼动的理论基石——遗憾的是，女性主义学者对此大多认识不足，任由世事变迁学路更新，狭窄的学术视野和单一的性别立场始终没有得到必要的调整。具体到以西语或西学为根底的中国女性学人，对主流话

---

[1] 李小江：《对话 Tani Barlow：关于20世纪80年代"妇女研究运动"》，载《中国的性/性别：历史差异》，第112—113页。

语的追随和对西方理论的盲从合二而一，在学术根基上有三个难以弥补的缺陷：一是对科学研究的客观性原则认识不足，概念先行成为通病；二是对所学专业的知识储备严重不足，一头钻进女性主义视域，只见树木不见森林；最难堪的，是对本土即中国历史文化缺乏必要的了解和理解，对近代以来直到20世纪80年代中国妇女争取解放的进程漠然不知，迷失方向在所难免。

中国妇女解放的道路不同于西方女权运动，是因为中国人在自己赖以生存的土地上早已建构起了完全不同于西方世界的性别制度，性别观念判然有别："阴/阳"互为本体相依而存，男女在本质上不是从属关系。以宗法家族为基础的中国社会，女性价值体现在各种"关系"中，并不存在一个抽象的"第二性/女性"。我在很多地方谈到：历史中国，没有女权；有母权，也有妻权；无论母权还是妻权，都在君主体制和华夷格局中发挥了重要作用。历代朝政中，君妻君母之作用不可小觑；家族关系中，《红楼梦》里贾母的尊位并非虚言，在现实生活中有其原型基础……对中西之间性别制度上的种种差异，谙熟中国历史的李约瑟博士看得很清楚，在多种场合以及在传世的《中国科学技术史》中他一再提到："信奉《圣经》的各国人民，以及一般说来是西方，一贯过分习惯于男性统治……对中国人来说，至善总存在于阴和阳，即宇宙间女性与男性力量的最完美平衡中。"[1]二元对立，导致人世间较多的杀戮和奴役；"征服"不仅是政治理念，也是西方民族倡导的生存手段。二元对应的观念，有助于创造一个和谐共生的世界；"和合"不仅是处世之道，也是当权者的执政理念。中西文化之间的根本分歧，主要体现在人与自然的关系中：传统的中国社会，天人合一，善待自然是理所当然的，并不需要"后现代"出面特别开导；尊重差异，在性别制度建设中名正言顺："性别"一词像是知行合一的完美组合，它将男女两性的"社会差异"（别）牢牢地建构在"自然认同"（性）的基础上，至今套路不乱。

1【英】李约瑟：《李约瑟文集》，潘吉星主编，辽宁科学技术出版社，1986年，第340页。

"自然界是正大光明的。"【维纳】[1]

见多了学者,听多了箴言,让我更加笃信自然的"真诚"自在。

自然,是人类存续的根基。无论文明进化到哪里,也无论人化自然猖獗到什么程度,人与自然界的归属关系须臾不曾改变——于此,马克思早有界定,在自然的客观场域中确定"人"的本质属性:

> 人同自然界的关系**直接地**包含着人与人之间的关系,而人与人之间的关系直接地就是人同自然界的关系,就是他自己的**自然的**规定。因此,这种关系以一种**感性的**形式、一种显而易见的**事实**,表明属人的本质在何种程度上对人说来成了自然界,或者,自然界在何种程度上成了人的属人的本质。因而,根据这种关系就可以判断出人的整个文明程度。[2]

这段话中既包含了作为"类"的"人"对自然界的依附性,也包含了男女两性作为"类人"之间"最自然的关系":

> 男女之间的关系是人与人之间**最自然的**关系。因此,这种关系可以表现出人的**自然的**行为在何等程度上成了人的行为,或者,人的本质在何种程度上对人说来成了**自然的**本质,他的**属人的自然界**在何种程度上对他说来成了**自然界**。[3]

作为"类人",男人或女人都不是孤立存在的,他(她)的本质属性不在任何单一性别范畴里,只能在相互"关系"中被界定;其"属人的本质"不是对自然的超越,是自然的本质"最自然"的体现。这里反复出现的两个概念"人"和"自然",为科学的性别研究定了基调:性别基于自然,"男女之间的关系"首先是人与自然的关系。无论何时何地,

---

[1] 【美】诺伯特·维纳:《人当作人来使用——控制论与社会》,载《维纳著作选》,钟韧译,上海译文出版社,1978年,第177页。
[2] 【德】马克思:《1844年经济学哲学手稿》,人民出版社,2000年,第80页。译文中,"男女之间的关系"译作"男人对女人的关系"。
[3] 【德】马克思:《1844年经济学哲学手稿》,第80页。引文中的黑体为原文标注。

两性社会关系最终都会受到自然属性的制约,性别认知因此必须同时包涵自然属性和社会属性,单纯的"自然性别决定论"(sex)或"社会性别理论"(gender)都是不成立的。在认识论层面上,我们既不可以对任何类人(男人或女人)做终极性的理论抽象,也不可以对两性关系做本体论的单一归属;无论女性还是男性,在社会学范畴内都不能自成学科;只有在双重属性的"关系"中认识性别,才可能为人类在"属人的自然界"中找到可持续发展的方向。

如上所述,我们面对的实际问题是:

——落实在人世间,那个"属人的自然界"究竟是什么?

——透视社会属性,那个"男女之间的关系"究竟落实在哪里?

数十年持续探索,我的回答是:

所谓"属人的自然界",落实在人世间,具体而实在,无不是人们赖以生存的"一方水土"即地缘/物候和地域/家国。

所谓"男女之间的关系",在地球上的任何地方,无不体现在"风土人情"即一方水土教养生成的**性别制度**。

大千世界,没有什么事物是完全相同的,制度也不例外。

何谓"制度"?

中国古说:"天地节,而四时成。节以制度,不伤财,不害民。"(《易·节》)用自然规律约束人间社会,节制有度。按照现代说法:制度泛指以规则或运作模式规范个体行动,通过礼俗或法令建构的公约和规章形成的社会秩序。社会科学领域中,大到各学科门类,有专人研究不同社会中的政治制度、经济制度等等;小到不同行业部门,有具体的做事准则规范员工行为以求各项工作达到预期目标……怎么唯独对"性别制度"的研究至今还是一个巨大的空白?

性别制度的出现由来已久,它是所有其他社会制度赖以成立的前提。人类学者关于"母权制/父权制"的猜测,是对人类早期性别制度之在做出了极富想象力的认定；如果说错，错的不是在实地考察中获得的真知灼见，是将一地所见"放之四海"的企图和将一时所为纳入"阶段论"的机械历史主义。"性别制度"这一概念长久没有进入学术视野，与男女两性各自单一的性别立场和各有偏颇的世界观有关：历史上，男性主导社会生活，男性中心的世界观将"人类"（human）简化为"男人"（man），任由人类历史（history）被"男人的故事"（his-story）覆盖。因此，近代以来，女性主义将人类文明史归结在"父权制"名下是合情理的——不合理的因素不在政治立场或价值判断，在学术领域：一叶障目，对"父权制"的政治讨伐阻塞了对"性别制度"的客观认知；批判有余，建设不足；陈词当下，史料不够，在基础理论方面留下了许多缺憾和空白。

首先，对男女两性自然属性及其与社会的关系，认识上有误区：人们习惯将女性与自然联系在一起，强调女性人的生理决定了她必须承担的生育责任，因而长久忽视了男性人自身的自然属性。历史上，男主外，主导社会生活，我们因此看男性多是社会性的。但是，换一个角度，从性别制度发生学看，结论可能是相反的：女主的"内"以及她所担负的生育责任，恰恰是早期人类社会赖以存续的主体和全力护卫的命脉；它是社会性的，不是大自然的安排。说到底，"男外女内"本身就是一种性别制度，远不是一个"权力"关系所能涵盖的。深入内里还原到"性"，我们还会发现：性行为，于男人更是自然的、个体的、生理性的；于女人（从受孕到生育）反倒是家族的、民族的、种族的乃至国家的……唯独不是自然的和单纯属于个体的。通过身体表现出来的"女/性"（包括贞操），被赋予了多重文化内涵，可以直接通达精神和审美领域，是男人的"性"难以企及的——于此种种："性/别"其实是怎样的？为什么会是这样或那样的？……所有这些问题都应该能在特定的性别制度中找到答案。可惜，我们的研究不够，可资借鉴的资料非常有限，至今尚未在学界引起重视。

其次，关于人类社会的自然品质即所谓"风土人情"，在社会科学领域中始终没有被提到方法论的层面上。大一统的政治制度对"地方性"

的消解，以及全球化时代对"本土性"的遮蔽，几乎完全阻断了追索"性别制度"渊源的通道。没有一个社会是悬在半空的，也没有任何一个社会可以涵盖整个人类社会。这是说，**所有的社会研究都必须是具体的，首要的是地缘因素**。如果说，两性生理差异是"自然界"在人类个体身上"最自然的体现"；那么可以说，地域差异是"自然界"对人类社会"最自然的规范"。所谓风土人情，风土在先，然后才有人情。可信的社会研究，必得从一个个具体的"这一个"做起，积少成多，形而上的抽象才可能是真实的和准确的。风土是具体的场域，可以自成集合。依照集合论[1]原理，同质是可比性的前提。人类社会的不同质性，不在自然生理，在"自然/大地"和"人文/历史"结合生成的地缘文化。因此，不同地域即不同地缘环境中的人类事项不可随意迁移或攀比——这一点非常重要：认识人类社会现象，必须介意和吸纳自然因素，在地缘属性的基础上做出（是否）"同质"的界定。

为什么在"本质主义"这里再三强调自然因素？

长久以来，女性/性别研究领域中，常识的缺失让人难以置信：男女两性差异是天生的，这个**"显而易见的事实"【马克思】**原本是傻子都知道的常识，到了女性主义这里竟然会变成天大的问题：众口铄金，将抽取了自然因素的"社会性别"（gender）奉作圭臬视作理论指南——对此，让人痛心却非常无奈。追根溯源，问题的根源就在女性主义创立的根基里：以意识形态（feminism）为武器，以即时呈现的"平等/平权"为目标，鸵鸟般地藏身在"社会性别"一类虚拟的概念后面，长久放逐了对"女性人"（也包括男性人）的质的研究。20世纪末，后现代主义风头极盛，后现代女性主义追随其后，"在思想理论建设方面，首先把批判矛头指向西方传统文化的核心部分及其基本原则。她们尤其批判流行于传统文

---

[1] 集合论是整个现代数学的基础，它的"公理化"趋势对现代哲学和系统化研究影响深远。集合作为数学中最原始的概念之一，通常是指按照某种特征或规律结合起来的事物的总体。在朴素集合论中，集合被当做一堆物件构成的整体之类的自证概念。在公理化集合论中，集合和集合成员并不直接被定义，而是先规范可以描述其性质的一些公理。群论的研究方法也是建立在集合论的基础上，例如：全体整数的加法构成一个群、全体非零实数的乘法构成一个群……只有满足"集合内部所有元素的同质性"这一前提，群才是成立的，可以进入群内的运算并在群内生成子群。

化中的'基础主义'（foundationalism）和'本质主义'（essentialim）。"[1]由此，我们再次见识到了女性主义的特质：看似前卫，追逐新潮，在形式上从单一走向多元，性质上实则没有发生大的变化，距其起点并没有走出太远——什么起点？三点：（1）反对父权制（追随启蒙主义）；（2）性别路线（仿效阶级路线）；（3）西方中心主义（至今没有改变）。从政治角度看，女性主义像驱害的啄木鸟，在守护社会公平、监督学术公正方面起着难以替代的作用。但就理论看，女性主义并没有独立的理论建树和社会主张，总在"批判"的姿态中追随各种新潮"主义"；从始至今，所有流派无不附着在某一主流社会或主体文化的机体上，仿佛槲寄生物。18世纪的《为女权辩护》（逆向呼应卢梭的启蒙主义）开风气之先，20世纪的《第二性》（正向追随萨特的存在主义）成为新女权运动的经典模板；玛丽·沃尔斯通克拉夫特和西蒙娜·德·波伏瓦的个人命运，最终都没有走出依附性的传统魔障。思想的依附性决定了女性主义和女权运动的历史命运。200多年来，女权运动和女性个体的成长，在鲜明的代际鸿沟中呈现出惊人的相似性，总在"追随—批判—追随……"的历史轮回中周而复始。"玻璃天花板"罩在女人头上，并不是因为"父权制"坚不可摧，是因为女性主义的功力太多用于"破坏一个旧世界"，少见在基础理论即质的研究中下真功夫，因此至今没有建成真正属于女人的"诗意地安居"【海德格尔】之地。

"女性人"究竟是不是"同质性"的？

就个体而言，每个女人都是唯一的，不可复制，不可分解，是单质性的元素；它与集合不可同日而语。"女性人"不同，在群的意义上自成集合，就其自然属性看，是同质性的。因长久被忽略，这里有必要特别强调：人，就其本质而言，首先是隶属于自然界的。因此，**将自然因素纳入人文社会科学研究是一个必须强调的重要前提**；需要强调的不仅是坚守自然科学的客观性原则，还要借鉴科学研究的规范

---

[1] 高宣扬：《后现代论》，中国人民大学出版社，2005年，第361—362页。

和方法。世界是多元的;质的界定,建立在差异性的基础上。集合论、群论以及场域理论[1]的发现,为人类认识"无限"纷杂的客观世界开启了"有限/有线"可寻的通道。用集合论的方法看,质的定位,通常是在相似事物的比较或对立事物的对比中完成的,以相对恒定的要素确定"这一个"的特有品质。群论在各科研领域中的推进,为"非空集合"(实数/实体)的实际应用开辟了广阔的空间。人是实体性的,作为相对独立的类别被认作一个总集,是因为其共有的社会组织和文化能力有别于自然界中其他生物,可以被抽象为一个"同质性"的群。人类群体中,按性别界定,男人和女人分别是子集,其本质差别就在自然生成的两性生理差异;按地域划分,各地的不同人群可以划出诸多子集,其本质差别就在地缘历史文化教养培育出的性别制度。进而推之,如果把"女人"看作一个总集,通过分解和界定,其包含的子集中各种"个体"差异就会递进显现出来,以其在场域中的"位置"依次可见:地域、种族、民族、家族、阶级……这个排序不是随意的,以集合内涵的子集关系而定,有先后之分:在先的不是个体,是类别:先说"人类",然后才是"类人";先是"中国妇女",而后才是每个"中国女人"……前者可内涵后者,后者不可能涵盖前者;具有集合性质的,不是元素,是"场域"【布迪厄】。这些在数学和自然科学研究中最浅显的道理,在人文社会科学领域中一直是很大的盲区;三十多年来,在中国思想界和女性学界,有超出常态的突出表现:不讲客观性原则,不懂集合论原理,不做实地考察,从概念到概念,无数概念的组合说得天花乱坠,最终获得的也只能是"空集"。[2] 这种表现在各类国际学术会议上常见:大批判,打嘴仗,用"政治正确"(PC)取代客观性原则——坦白地讲,这是多年来我从不参与辩论的主要原

---

[1] 场域(field)原本是物理学概念,在法国社会学家布迪厄的研究中培育成为社会学的主要理论之一。场域理论是指人的每一个行动均被行动所发生的场域所影响,如布迪厄所说:"一个场域可以被定义为在各种位置之间存在的客观关系的一个网络或一个构形……这些位置得到了客观的界定。"《实践与反思——反思社会学导引》,中央编译出版社,1998年,第133—134页。
[2] 我在《对话汪晖:管窥中国大陆学术风向与镜像(1990~2011)》一书的"理之疑"中对此有专论。

因，节省时间和精力，想在有限的岁月里多做一些基础性的奠基工作。

自20世纪80年代以来，在女性/性别研究领域，我的工作基本上都与"奠基"有关，点滴思想和理论上的收获全都及时付诸行动，一并化为活水融入了这片土地。守在本土，做事情就像种庄稼，一茬又一茬的：20世纪80年代主编"妇女研究丛书"，奠定本土的学科基础，带出了一支学术队伍；20世纪90年代主持"20世纪(中国)妇女口述史"，抢救出几代女人真实的声音；"妇女文化博物馆"于2002年在陕师大落成，成为女性文化寻踪和教育的常设性平台；2018年11月"女性/性别研究文献资料馆"正式揭牌，为女性的知识传承建成了一个可持续发展的学术研究基地——这个基地的主要任务，是汇集各国各地各民族女性的书写文本及其各类文创，无计形式，将口述档案、墓志铭拓片、非遗传承人的信息资料……汇聚在一起，让散失在历史缝隙和主流边缘的点滴讯息汇成川流江河，从无到有，从小到大，哪怕都是碎瓦残片，只要出自这片土地，不计琐碎，全都可以寻来用做奠基的砖石，以便后人可能在有迹可循的轨道上继续前行。

李小江
2020年3月18日西安
秦岭南麓　长安校区